教师用书系列

课堂的境界

——新课改理念下的课堂文化建设

荆北 著

北京出版集团公司
北京教育出版社

图书在版编目（CIP）数据

课堂的境界：新课改理念下的课堂文化建设 / 荆北著. — 北京：北京教育出版社，2020.1
（教师用书系列）
ISBN 978-7-5704-0393-6

Ⅰ. ①课… Ⅱ. ①荆… Ⅲ. ①语文课—课堂教学—教学研究—中学 Ⅳ. ① G633.302

中国版本图书馆 CIP 数据核字 (2018) 第 146084 号

教师用书系列
课堂的境界——新课改理念下的课堂文化建设
荆北　著
*
北京出版集团公司
北京教育出版社　出版
（北京北三环中路 6 号）
邮政编码：100120
网址：www.bph.com.cn
北京出版集团公司总发行
全国各地书店经销
天津兴湘印务有限公司印刷
*
710 × 1000　16 开本　8 印张　100 千字
2020 年 1 月第 1 版　2020 年 1 月第 1 次印刷
ISBN 978-7-5704-0393-6
定价：30.00 元

质量监督电话：（010）58572393　58572817　58572750

仅以此书，献给我所热爱过的母语教育
和我曾坚守过的职业人生
并深情地祝福她

作者近照

自序

枕语而眠：我的语文之路与语文之梦

荆　北

舟过万重，难言轻松。

三十，对于年龄来说，怎么看都是一个好数字：而立之岁，年富力强，是正当做事而蓬蓬勃勃之时。然而，如果是用在标记职业的刻度上，意味就完全不同了——这正是个让人感慨万千的数字。

我是1968年阴历2月出生的人，生命的脚步已在三个月前踏进半百之门，而教龄，也恰是三十，准确地说，是三十年又九个月。这也是迄今为止，我和母语教师这个职业规规矩矩结缘的长度。

三十年前的九月一日，我在汉江边的一座老镇的一所农村学校正式站上母语教育的讲台，也是打那一天起，我将自己的职业人生和未来，全盘托付给了中学语文教育，也从此开启了和她一起相依相守，共同承受职业与生命所带给我的各种酸甜苦辣涩味道的平凡生活。

这三十年与语文相依相守的时间，在我心里是可以划分出三个十分明晰的阶段的，即：农村教育时期，小城教育时期和都市教育时期。时间和空间上明朗清晰的三个语文教育时期其实留给我情感和精神回想的特征也是泾渭分明的，即：农村教育时期的执着与豪迈相伴，小城教育时期的傻执与迷茫同行，都市教育时期的谦卑与挑战共生。

无法权衡输赢得失，也无法评判对错是非，只是从职业者在通往成熟与从容的道路上都必须有所经历的角度讲，各有千秋。这三个阶段的经历对于逐步形成个人今天的职业从容心态所产生的意义而言，都是我职业人生厚重的财富，而且具有不可复制的珍贵性。

农村教育时期

三十年前的我初出校门，正是什么都缺却又什么都不怕缺的年纪。那时，我对语文的热情前所未有，喜欢语文，喜欢每天站上讲台的感觉，青涩却喜欢琢磨，琢磨每一节课，琢磨和纯真的孩子们一起想出的小点子，喜欢在班级送来的堆成小山似的作业本上由着自己圈圈画画的感觉。显然，那个时期的我和语文之间表面上是滚在一起了，但其实未必有真了解，而且可能就是把胡乱的、肤浅的了解误当成真的了解了。

既缺少相对完备的学科教学的理论知识体系的积累，又没有什么丰富的经历体验作为依靠，周围还缺少能把自己引向正确轨道的人，这种状况下的语文教育我不说别人也能知道是什么样子。但那是上课下课都能哼着小曲儿的时期，不会为一节课的得失纠结得死去活来。不过也好，懵懂的语文也是语文，也有不一样的语文的味道。彼时的我，对语文这个职业是真喜欢，大概是年少不知愁滋味，或者是潜意识里认为这个职业一定能带给我未来明媚的一切。所以，一个从鄂西北山沟沟里走来的毛头小伙，每天起早贪黑，早起晚休地在汉江边低矮简陋的校舍和宿舍间来回奔波，风风火火，且胸中天高云淡。

那样的时期，我的课堂青涩却总带给我美好的快感；那样的时期，我最美好的记忆是经常和孩子们在晚休时间突然来个师生成语接龙，或者课外活动时一起在简陋的操场茅草地上围坐一起，来个古诗接龙；那样的时期，我的孩子们比我还梦想当诗人或作家，因为那样可以挣稿费；那样的时期，我对语文做过的最功利的事情，是希望发表 100 篇与语文相关的文章来迎接女儿的出生，文章写了 80 多篇，可惜一篇也没有发表。也难怪，那样的时期，我对语文其实没有什么研究，也不会研究，因为一切只是在凭感觉。但是真正地走进一门学科，光有激情和好感是远远不够的，时间久了，我慢慢意识到，青涩、散漫而随心所欲的语文虽好，但不是全部，也不是我真正想要的语文，有一天，我开始想到这个问题，然后我问自己：语文到底该是什么样子？

小城教育时期

1996年，刚成家不过两三年的我，因为各种原因，来到城市里教书。这是一个出过皇帝和王爷，也被伍子胥和宋玉厚爱过的小城，不大，却有历史，大名钟祥，还有一个容易让人产生误会的小名：郢中。这个时期，我把自己的职业命运同一所新办城市重点中学的命运绑在了一起，在一位敦厚而又多思的校长的引领下，和一帮跟我一样热血的年轻人一道，成天没日没夜地为学校的发展而战，为应试和升学率而战，为办一流升学率的明确而功利的目标而战。那个时期，我把语文带进了古城巷尾街头的热闹喧哗之中，也把语文带进了我的满脑子简单或者说是极端的功利主义的时代。

20世纪90年代的中国大地正在流行一个词：下海。所以，看起来一切都在发生着某种涌动，而极端的教育功利主义倾向也开始在这个时期的无数教育者心中涌动了，特别是当一个教育主管者有这种强烈的极端功利主义倾向时，还是非常可怕的。事实上，那个时期绝大多数的校长都在这样想，为了争业绩、抢生源，为了让学校成长为被社会追捧被家长们追逐被学生追随的名校、好校，所在学校的办学目标就功利得只剩下两个字了：升学。在这样的背景下，教师个体，甚至教师群体，都只是滔滔洪流中的一根或一群木头，被席卷着，被裹挟着，毫无自我选择之力。而学科是附着在木头上的青苔，也只有寄生在木头上随波逐流的命运。我的语文在那个时期和我一样，在短暂的入城的狂喜之后，就是面对现实，和我这根在洪流中漂浮的木头一样，随波逐流，一起功利。

大时代背景下个人的存在通常是渺小的，其生命存在的模式也是呈淡灰色的。那样的时期，我对课堂的美好回忆不多，对语文教育的经历也没有多少美好的回忆，语文同所有学科没有什么两样，或者反过来说，所有学科都和语文没有什么两样：备课，备考；小考，大考；命题，答题；出卷，改卷。那个时候我做过最让学校领导满意的事情，是利用一个假期写了一本专门研究命题的小书，而且这本小书只研究了一套试题。迷茫久了，也会产生执念，就是渴望挣脱的念头，渴望改变一点儿什么的念头。因此，在成天忙碌奔波于简单应试语文的间隙里，我也开始一些教材教法、教学艺术的研究与尝试，这种暗暗的执着与用劲也给我带来一些意想不到的欣喜，比如，在大家都愿意花大功夫去研究课堂艺术的时候，我也做了一些努力，参加了一系列的课堂教学大赛，而且获了奖，再加上教学之余发表了一些粗浅的文章，就偶尔间似乎得到一些认可了。

我先后被定为各种骨干、名师重点培养对象，各种表象的荣誉与所谓的光环接踵而至，但其实，那时期我对语文的理解真正是困惑远大于思考，解决一个问题之际，更多的困惑却向你奔袭而来。于是我又问自己：到底语文是什么样子？

都市教育时期

2000 年 10 月，我得幸参加了由教育部直接牵头组织的“首届跨世纪中小学骨干教师培训”，一年的培训，我终于明白了我之所以对语文产生越来越多困惑的原因：简单和极端的功利主义环境之下不会有真正的语文教育。

2001 年 10 月，结束了国培学习。一个月以后，我来到了深圳南山，当时作为新一轮课程改革首批试验区，南山的课程改革刚刚拉开了帷幕。年轻的充满改革活力的城市，青春的身影在城市的每个角落游走，到处是热血涌动的同行者，加上各个领域全面改革的全新大环境，这一切都对我产生了无尽的吸引力。那样的日子里，我每个白天、每个夜晚都是热血奔涌。就这样，在武汉开往深圳的夜班列车隆隆的行进声中，我把我和我的语文带进一个全新的境地，把语文带入都市的繁华的同时，也把语文带进一个不改变不行，不努力不行，不挑战不行的境地。这个境地，同先前的那个随波逐流的境地完全不一样。一进入这个崭新的境地，我和我的语文是谦卑的，因为没法不谦卑——一切似乎都在从头开始。激情又来，但是冲动已不复当年。一边观察，一边学习；一边体会，一边思考。再后来，我为自己定下一个目标：沉下心来，至少花十年的时间，好好静下心来研究研究语文，要系统地研究，而且要一边实践一边研究。

最初我把这个研究命名为“当代城市母语系列研究”（后北京教育出版社再版重印时修改命名为“素养语文教育实践与感悟著作系列”）。2014 年，基于我的教学实践与思考的《母语的使命》《素养与语文》《课堂的境界》《信息化课堂》《网络与语文》和《文字的秋千》6 部 170 余万字（后来反复修订后实际字数接近200万字）的这项研究终于告一段落，我对语文一直悬着的一颗心才算有了点儿着落。虽然，我并没有为“语文到底是什么样子”这个困惑找到标准的解答，但是我知道，至少我凭自己的努力已经推开了语文的一扇天窗，至少我已经体会到语文应该是强调素养的，语文至少是要为孩子们个体的成长与发展的未来着想的，语文至少应该是紧紧围绕“人”而不是“分”这个主体展开的。

语文，应该是幸福的样子；语文，应该是阳光的样子；语文，应该是语文的样子；语文，应该是生命与生长的样子；语文，应该是“人”的样子。

今年，是现代母语教育跨越百年风雨的一年，而我，在现代母语教育之路上或者说是我在现代母语教育之梦里的经历与徘徊的光阴也度过了三十个春秋，半痴半执，半梦半惑之间，当我从职业的粉尘间，蓦然抬起头来的时候，发现自己已年过半百。为伊砥行堪知命，安慕闲情且再酬。写两句话送给自己吧，也送给我的语文，我的母语教育。我知道，我与她之间，已结下难解之良缘。是为回顾，也为反思。也希望终有一天她能看到她最真实最美丽的样子。

祝福我坚定选择并衷心热爱的母语教育事业越来越好！

荆　北

2018年5月4日凌晨于深圳蛇口南山脚下

总序

以理想之名：寻找当代城市母语教育的最新身份

——我为什么要尝试当代城市语文教育体验式系列研究

荆　北

10余年前，我来到深圳当了一名语文教师，今年，我也恰好进入人生的不惑之年。

10余年前的秋大，当我带着年幼的女儿，携带着简单的行李，坐在从武昌开往深圳的拥挤不堪的列车上时，我的心情和窗外陌生的夜色一样，尽管偶有星光或灯光从视线里滑过，但更多的则是茫然一片。一起让我感到茫然的，还有我对于职业的困惑，准确地讲，是我对未来将要面对的特区全新环境下的语文教育状态的一无所知。在那样的夜晚和那样的旅途中，我称自己这次南下之行为“麻雀东南飞”。

也要感谢这种茫然，它让我寻找新教育之梦的脚步在尚没有真正迈入特区这块异样的土地之前，就变得谨慎起来；也要感谢这种自嘲，它令我寻找新教育之梦的目光在投向特区这块异样的教育田园之前，就保持了谦卑。茫然与自嘲，谨慎与谦卑，在我来深圳10余年的教育职业生活中，既构成了我最基本的职业精神状态，也奠定了我对待职业所秉持的基本行为准则。有这两个前提作为保证，才使我在10余年间面对新环境下的职业生活时，能自始至终保持冷静的心态和平和的思考，才能使我在倾心地了解特区教育所发生的诸事面前，保持客观的判断，并及时调整自己的行为，然后一如既往地编织自己的教育理想。

如今，经历10余年的特区教育行动和思考，虽然茫然与自嘲的感觉犹在，但谨慎与谦卑的心态难丢，甚至可以说更为浓烈。但是这10余年对我的职业成长而言，却如同让我经历一场温火下的涅槃。在深圳这块土地上，每天都在孕育着新的教育思想，每天都在发生着新的教育故事，每天都在诞生着新的教育成果，每天都在涌现着新的教育新秀，还有每天你都可能接触新的教育专家的面庞，等等。这些都是我身边的温火，燃烧从未停息，洗礼从不间断。感谢深圳特区，感谢这里独特的教育环境赐予我历练，这是我最珍贵的财富。

深圳10余年，我的教育理想在历练与洗礼中日益清晰明朗起来，我的教育行走在蹒跚与踯躅中日益坚定起来，那就是：漫步特区教育田园，寻找当代中国语文教育的城市新身份、新角色、新使命。因此，我将自己10余年的深圳教育行动与思考做了这样的命名：

我在特区教语文·当代城市语文教育体验式系列研究

请允许我对这个命名中的几个关键词稍做一点儿诠注。

“特区”。深圳这个地方，最初定位是“中国改革开放的经济特区”，但是显然，正是因为这个“特”字，使得深圳这块土地对于中国社会的发展的地位、价值与作用其实已经远远超越了其最初“经济改革与发展领头雁”的定位。10余年前，当深圳南山被确立为“中国教育课程改革首批实验区”之一的时候，就已经说明了一切，而当深圳南山被评为“广东省第一个教育强区”的时候，深圳特区在教育改革和发展中所起到的作用，又成为一个有力的证明。从这个意义上讲，立足特区进行教育体验式研究，深意无穷，空间无限。

“当代”。反观中国社会的发展进程，每一段“当代”历史阶段，都无不具有历史发展过程中的不可替代性，而社会正是在这样一个又一个“当代”的衔接下，向前做着历史的延伸。但是也可以看到这样的一个不可置疑的事实，那就是今天我们所处的“当代”，却是中国社会历史发展过程中最具有特别意义，最不可复制的特别时期。大而言之，全球化、信息时代的来临；小而言之，中国自身前所未有的开放、发展与日益走向强国复兴之路。因此，在这样的“当代”思考教育的发展，意义、责任与使命都非历史上任何“当代”可比。

“城市”。中国三十年的改革开放，是以城市为“窗口”的，“城市化”是社会改革发展进程中的一个显著标志，而在“城市化”的社会剧烈变革中，教育担负的角色、肩负的压力以及承受的责任与使命是摆在教育者面前的一个不可回避的大课题。研究中国教育的“城市化”，寻找中国教育的“城市角色”，既是着眼勇敢而清醒地面对中国社会发展的现实，同时也是以此为切入点，正视中国教育发展的当代特殊性、特别性和特定性。深圳是中国教育“城市化”课题中一个特殊的棋子，“深圳”这颗棋子，分量不言而喻。

“教育”。说“语文教育”，而不说“语文教学”，是因为无论从中国教育的历史责任与使命看，还是从深圳特区区域的教育责任与使命看，无论从中国语文自身的学科特性看，还是从当代和未来孩子的成长立才的需要看，“语文”的内涵与外延越来越难以界定，或者是不是就可以干脆地这样说一句：语文的责任与使命越来越难以界定于“学科”之内了。讲台范围以内的语文，课堂一室之内的语文，教材一本书之内的语文，已经不再能胜任“母语”的责任与使命，分数之下、试卷之内和作业本之上的语文已经不能诠释“母语”的存在意义。

“体验”。大约10余年前，我还未在深圳教书的时候，偶尔在一本朋友带回来的《特区教育》上读到一篇文章——《在研究状态下工作，教师专业发展的基本内核》，这篇文章的作者是时任深圳中学校长的唐海海先生。几乎是在同一时间段，我从一本语文杂志上读到中央教科所朱小蔓教授对于“提倡教师开展叙事式”教育研究的主张。现在想来，这一文一论对我的职业成长具有着至关重要的引领意义。前者给我的启示是“做什么”，后者给我的启示是“怎样做”。我信奉这两个启示，尽管这样的职业方式也颇受争议，甚至也有人对“叙事式研究”持“穿着新鞋走老路”的异议，但是我认为，作为一名普普通通的一线老师，这样的研究反映的至少是一种最真实的状态。

对于“叙事式研究”，我认为其前提是行动，也就是“体验”，而内核，则是在体验基础上形成的思考。这两样加在一起，我认为至少有两个好处：一是能促进教师自身的学科教育在“尝试+总结+否定+再尝试”中得到调整与成熟；二是能通过不断的体验来印证某些教育理论的合适与不合适，从而为更高一级的专家们的研究提供最真实的情报。我想，教育本身是一个金字塔结构，在这个塔形的结构世界里，每个人都做好自己的事，这才最重要。一线老师的行动与思考处在这个塔底，土坯也好，砖石也罢，重要的是，它是这个教育之塔的基础所在，没有这个基础的真实，整个教育之塔就难提真实，也更难说稳定。

这就是我信奉这种基于我所处的先天条件而采取的“自下而上”而非我力所不及的“自上而下”研究方式的初衷所在，也是动力所在。

“系列”。以往一线老师的研究之所以难成正果，或者说被诟病，有很多的原因：一是受视野所限制而导致“技术化”痕迹太盛，所以被评价为“穿着新鞋走老路”，其批评也是事实；二是受功利化色彩诱导而产生的“片段式”味道较浓，所以被批评为“云想衣裳花想容”，也是事实。处于一线的老师们，时间紧，任务重，成就感少，偶尔找到一个突破点进行一些尝试，然后未加系统论证就拿出来，这些零碎的研究由于没有时间和系统上的保证，难以形成有深度和有规模的成绩，因此不仅拿不到话语权，产生的社会影响自然也不大。当然，他们更谈不上为更高一级的结论性研究提供有价值的情报了。

这也是我之所以花 10 余年时间，立足深圳特区的大教育环境，立足语文教育这个切入点，去进行系列化体验式研究的出发点。

以上说的是“我在特区教语文·当代城市语文教育体验式系列研究”这个选题的命名原因，接下来说说这个选题的具体思路、操作和进程情况。

“我在特区教语文·当代城市语文教育体验式系列研究”简称为“城市语文研究”，其研究核心观念为“素养语文教育是当代城市语文教育的首要任务”（简称“素养语文”），在这个核心观念下，以“当代城市语文课堂教学”为主阵地，进而展开“新历史时期下的母语教育方向”“大都市环境中的素养语文实践”“新课堂理念下的课堂文化培植”“大数据时代中的课堂技术改造”“新媒体条件下的语文自主学习”“大成长背景中的创新写作教育”等六大领域的体验式研究。在研究过程中，这六大领域既相互独立，又相互穿插，因此呈现成果可能互有包含。下面是具体的研究内容：

1.《母语的使命——新历史时期下的母语教育方向》：针对课程改革前后语文教育现状进行思考，从一线教师的视角，对语文教育教学观念、课堂教学行为、教材运用现状、考试因素等进行思考，向高一级研究者和一线同行提供综合信息。

2.《素养与语文——大都市环境中的素养语文实践》：针对当代城市孩子成长背景、城市环境资源的独有性以及城市教育的各种优越条件进行一系列以“素养语文实验”为宗旨的丰富多彩的课堂内外的教育实践活动，呈现多样化的语文教育教学形式，提供当代城市语文教育教学的新模式、新思路和新观念。

3.《课堂的境界——新课堂理念下的课堂文化培植》：结合新的课程改革理念，围绕素养教育理念核心，针对当代学生的成长特点，融入信息化时代的教育背景，开展语文课堂教学技术与艺术的尝试性研究。

4.《信息化课堂——大数据时代中的课堂技术改造》：以真实的网络班教学实验为素材，客观地展示现代技术综合运用于现代语文课堂教学的得失。

5.《网络与语文——新媒体每件下的语文自主学习》：以自创的教育网站对学生写作自主能力培养经历为感受，总结专题网络对语文教育的得失

6.《文字的秋千——大成长背景中的创新写作教育》：结合当代都市孩子们的成长特点、生活背景等进行专门的文字表达引导的方式方法研究，为当代母语写作教育提供一些榜样性的范式。

以上是我对“我在特区教语文·当代城市语文教育体验式系列研究”这个自我命题的相关内容的一些粗线条的勾勒。来深圳特区成为一名语文教师的10余年，我庆幸自己在喧哗中还能时常提醒自己保持冷静，虽然间或也因这样或那样的原因，暂时分分心，甚至有时出现情绪上的起伏或精神上的迷茫，也屡次想放弃接着往下做的念头，行为的付出程度也是厚薄不均，但是总的来说，我还是断断续续坚持了10余年，才有了手头上的所谓的“成果”。

要小结这10余年为何大致还能坚持往前走的原因的话，可能有三个：一是学生，是学生的存在总能激励着我往前做，这也是一线老师进行教育研究的一点儿优势。学生是鲜活的，而且每天都在你的眼前晃动，这种晃动就是一种提醒，有时你不想做，但是良心却不允许你停下，因为你总会想到，每个学生在你面前过的每一天、上过的每一节课、接受过的每一次教育行为，都将不能再重复；二是环境，是大环境的变化不断刺激我往前做。深圳特区的大环境是这样，虽然名称上的“特区”已不常被提及，但是深圳作为特区的天性犹在，这

个天性就是每天都在发展，每天都在变化，每天都在创新，是天性，更是城市的特质。南山教育的区域环境更是特区环境的一个浓缩。这样的环境下，作为普普通通的个人，是主动拼搏，还是被动前行，谁也说不清楚。

第三个原因，就是个人了，这里个人的内涵，说高一点儿，是“责任感和使命感”，其实说到底，是一种大时代、大环境和大气候面前的个人卑微感。这种卑微感再往下说一点儿，就是在太多优秀人面前的不自信感。长江后浪推前浪，今天这个时代，人才一辈一辈，新秀一拨一拨，一个到中年的人，不努力去做的话，被淘汰的危险每时每刻都包围着你：时代在飞速发展着，个人的安全感却是越来越弱。而排解焦虑的最行之有效的办法，就是行动，再加上一点儿创新。汤之盘铭曰：“苟日新，日日新，又日新。”《礼记·大学》里的这句话意思是：“商汤王刻在洗澡盆上的箴言说：如果能够一天新，就应保持天天新，新了还要更新。”在深圳当教师，不也是要时时“洗澡”？

我还有一点儿想表达，就是这10余年来，为了这项“我在特区教语文·当代城市语文教育体验式系列研究”，我时有感觉“自作自受”，身体的状况越来越差是事实，而精神上的焦虑也是常态。我鼓励自己的时候喜欢拿荀子的“赤子之心”来安慰自己一下。“赤子之心”是人教版语文教材上的话，是傅雷先生当初用来勉励儿子的，意思是要想做自己想做的事，就得学会承受孤单，要想既不孤单，又想做一些自己想做的事是不可能的，“赤子孤独了，才会创造一个世界”。课堂上，我很喜欢引导学生对这句话反复玩味，想让学生们从中领会一点点生活哲学。但是学生们可能不知道，老师在引导他们品味个中哲学时，何尝不是在为自己寻找面对生活与职业困境的人生哲学！

当然，我自己尤为喜欢咀嚼“赤子之心”的内涵，也多多少少同我对语文教师这个职业天生的喜爱与痴迷有关，也多多少少同我对深圳这个干干净净的年轻的移民城市有关，我爱这个城市，它充满活力，充满包容和充满勇往朝前的战斗力。我时常想起10年前我对自己南下深圳的自嘲——“麻雀东南飞”，虽然10多年了，我这个“麻雀”仍旧是“麻雀”本色，但是我知道在这块没有冬季的温暖的海滨之地，我生命的鸟巢是永远安在这里了，而且不再有想挪动的念头，生活已定居于此，生命何不托付于斯？

所以我想，我总得在人到中年之前力所能及地为这座城市做点儿什么。做什么？我一天天地对我的学生说，要有“城市主人公意识”，甚至带着学生踏遍深圳的角角落落，开展所谓的“移民城市文化追踪”语文实践活动，目的是干什么？不就是让学生爱这座城市？那么我自己怎样做？我想我只有把“我在特区教语文·当代城市语文教育体验式系列研究”这个题目继续坚持做下去，做完整。通过“当代城市语文教育”这个小小的窗口，让更多的人在了解深圳特区以经济建设为名片的辉煌的过去的时候，也从一眼罅缝中再看看深圳这里的其他的东西。比方说，看看这里的教育，看看这里的语文教育在做些什么。

2010 年对于中国来说是一个极不平凡的年份，这一年里，我和我的学生都感受很多。而 2010 年对于中国教育来说，是课程改革的第 10 个年头，对于南山教育来说，是作为中国首批课程改革的试验区的第 10 个年头。我算是一个幸运儿，我的“我在特区教语文·当代城市语文教育体验式系列研究”也刚好经历了 10 个年头。如果 2010 年还有什么值得纪念的话，那就是：今年还刚好是新一轮的课程改革序幕又隆重拉开之时。我衷心地祝愿中国母语教育与当代城市母语教育迎来崭新的发展变革，也祝福深圳这座城市和深圳的教育事业不断发展，永立潮头。

是为序。

荆　北

2013 年秋季于后海蔚蓝海岸小区

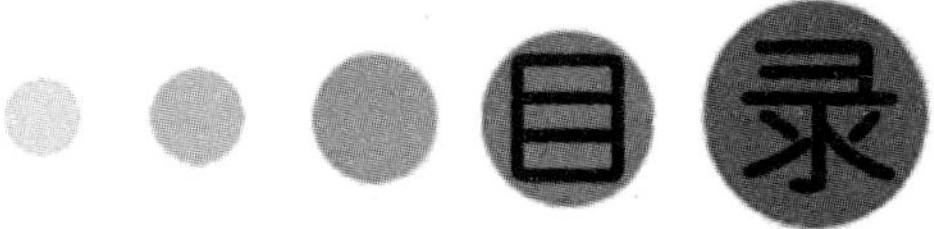

语文课堂教育活动笔记摘选

语文课堂教育活动笔记摘选

都市语文纪事1：新实验班与我的教育新梦

一个八年级综合实验班，一个网络实验班，这是我新学年的新任务。两个班经过一年的教学，现在年级综合排名刚好一头一尾。所以对我而言，两头都是压力。而对于这个综合实验班，教务处的人悄悄告诉我，这其实是入学之初经过严格考试挑选出来的一个重点班，学校对这个班的期望值非常之高。而我知道，这将是学校最后一届实验班。

原先担任这个班语文学科教学任务的是一位姓刘的教师，是我的好朋友。两天前，他在南山区调干考试笔试成绩公布后，经过痛苦的抉择，最终选择了放弃方兴未艾的特区教育，回了内地，在知道我将接手这个综合班的教学后，他对我说，这个班是一个很优秀的集体，聪明学生多，而且都很乖。我相信他的话，因为接手这两天来，大家都这么说。

接手这样一个综合素养一流的综合实验班，说句老实话，每个教师都是求之不得的，因为作为这样一个班级的科任教师，至少有两样好处是其他班级教师所不能及的：一是组织课堂不费事，因为学生们听话，管理起来相对轻松许多；二是工作获得的成就感强，这样的班优秀学生相对集中，教学效果往往要好。

除了看到大家都能看到的优越性之外，对于接任综合班教师，还有另外两点也让我有夙愿以偿的满足感。一是我将增加对一种新实验班级的集体个性体验。来深圳以后，我先后带了四个不同状态的平行班，另外还分别带过一个数学班和一个英语班，加上今年的网络班和这个综合班，这对于我一直在进行的班级个性的体验无疑是一件大好事。二是我可以利用这个班级的综合素养相对较高的特点，系统开展我的新语文教育体验式研究。这对我而言，真是天赐的一个绝好平台。而且这个班离初中毕业还有两年，时间也是相当宽裕。

来深圳教书这几年，大的教育环境和如火如荼的教育改革，已经时刻让我感到在这样的环境中不思考，不行动，不创新已经不行，而从年龄来看，近四十岁的年龄也时不时让我在睡梦中惊起一身冷汗——我时常感到自己在职业中一无所成。所以我一直在悄悄提醒自己要抓紧时间去做。但是像现在这样，一个承担学校发展和课改实验双重使命的综合班，一个承担信息化学科整合教育改革实验重任的网络班，两种机会同时摆在我面前，对我而言，是压力，更是挑战；是幸运，更是一种使命的呼唤。我想，无论对于学校，还是对于我个人，无论对于职业，还是对于中国教育的改革，我都没有理由去逃避。行动，是我唯一该做的。

综合班班主任是一位经验丰富的女数学教师，工作态度严谨，为人谦和，恰好又和我是同龄人。担任英语学科教学任务的，是我的一位好同事，关系也一直不错。我想，我们的组合应该是不错的。从她们两人的脸上，我也看得出她们很愿意和我一起搭班共事。

我对这个新集体充满了信心，不知道两年后，这个新集体能给我带来什么样的惊喜。

都市语文纪事 2：第一节课出现的批判声调

和以往接手新班一样，在简单地告诉同学们我的姓名之后，我就开始和同学们一起进入新课内容。新教材的第一单元是战争单元，第一课是毛泽东当年亲笔写下的两篇新闻《人民解放军百万大军横渡长江》和《中原我军解放南阳》。

说句实话，我一向特别崇拜毛泽东和他的许多诗词，但是对于教材为什么要把这两篇新闻放在新教材第一单元的第一课很是费解。就拿第一篇而言，虽然这是一篇领袖当年写下的经典文章，而且无论从报道的事件本身还是报道的本身意义，都堪称空前绝后，但是从新闻学习与熏陶的角度讲，这篇新闻放在教材这样的一个位置，无疑有些不妥当。没有想到这一想法在授课活动刚一结束，就同一些同学的想法不谋而合。

可能是都市学生早已习惯了读报、看电视的原因，两篇新闻的学习比预计进展快。第一篇新闻从内容的概括到题目的特点及作用，从导语的寻找和主体部分的思路，几乎都由同学们自己完成理解，甚至连文章的语言特点，同学们也提炼出“几乎没有废话”“有领袖风范”“文路非常清晰”等。第二篇的学习采用比较手法，同学们主要针对“南阳历史背景”的出现时机和作用展开了简单的讨论，最后也形成了共识：突出交待其战略位置的重要性。对于这篇文章的语言特点，部分同学提到不如前一篇，稍显琐碎。

不到三十分钟就学完了两篇新闻，在讨论课后练习题时，我特意结合习题讲到了新闻报道的三效：时效、真实和简明。结果一位小个子男生突然举手说：“老师，教材为什么选这两篇新闻呢？你刚才讲到了实效性，那为什么不可以选取就近发生的有价值的事件？我们今天学的两篇新闻距今都有五十六年了，当时我爷爷奶奶才刚出生呢！”

好家伙，几乎是连珠炮般的三个问题。问题一出来，马上得到了一些同学的响应，大家都用眼睛看着我。因为对这个问题我也在备课时有过思考，所以我的回答很冷静，我说：第一，对于领袖来讲，我和同学们一样，是充满崇敬心情的，我的结婚纪念日就是毛泽东诞辰一百周年那天，但是这两篇新闻要放在教材这么重要的位置来学习，也令我费解过；第二，虽然从新闻自身的特点和我们的学习兴趣需要来看，这两篇新闻有些不合时宜，但是从新闻知识学习的角度看，这两篇新闻的“例子”价值还是存在的；第三，这件事说明一个很重要的问题，我们不能仅仅满足于教材的学习，我们还要在教材之外寻找更多可以补充，甚至替代教材的内容，譬如作为现代都市学生，我们随时可以读到的报纸等；第四，今天是我们学习语文的第一节课，我们不仅学习效率高，而且课堂上出现了现代课堂学习中最难得的声音，批评的声音。我希望这种声音在今后的每一节课堂上都能听到。

教室里响起了一阵掌声。我走到提出问题的男生面前，问他的名字，他说他叫张粤。

都市语文纪事3：新语文课堂的六字真言

可能是受第一节课的好感的影响，同学们把轻松感也带到了第二节语文课堂上。第二天我到教室去的时候，不少同学显得较兴奋。这种快速传递给我的亲近感，也让我内心深处涌动起感动。因为来深圳这几年，由于工作需要，我每个学年几乎都是在中途接班，出于一种自然的怀旧心理，同学们一时抹不掉对原来老师的感情，自然会对新老师表现出一种本能的拒绝心态，这往往会给课堂教学的效果带来很多负面影响，有的班甚至会持续一两个月。

但是没有想到这个班的同学们能这么快接受我，这使我更相信教师们的话：综合班的同学们非常乖。

第二篇课文是孙犁的战争体裁小说《芦花荡》。按照备课思路，我把这节课的主要学习内容确定在学生围绕“老头子是一个什么样的人”这个问题的思考上，要求同学们自己从作者的笔下寻找答案，其实就是把立足课文内容有根据地分析人物性格特点作为教学的核心内容。所以我在一开始引导同学们对课文的核心内容、主要情节进行简要概括后，就直接把同学们引向这个核心环节。由于“老头子”这个形象在作者笔下有明显的优点，也有突出的缺点，同学们兴趣不错。他们七嘴八舌，这个鲜活可爱的人物形象很快在课堂上展现在同学们的面前。

学完之后，我请对孙犁先生略有了解的同学介绍自己所知道的情况，然后问同学们对这两节课总体的感受，同学们大多说学得轻松，学有所获。我问他们有这种感受的原因时，一些同学说出了两点：一是目的很明确，整节课都在向一个目标奋斗，解决问题之后有成就感；二是教师把主动权让给了同学们，同学们自己在解决问题，所以更有成就感。我肯定了同学们总结出的两点，说：“真正课堂的充实感，是在解决问题中获得的；真正课堂的轻松感，是在同学们自己主宰中获得的。所以，今后每一节课上都要尽力去体现这两点，这样我们才不会厌倦语文课，才会对语文越学越有信心。”

我又特别提出了保持语文课堂新鲜感的第三把钥匙：变化。我说：“我们其实可以让每一篇课文都换一种方式来学习，每一节课都换一种气氛来度过。这样语文学习的新鲜感就会不断提升，语文课堂的魅力就会不断呈现，我们每一节语文课都将会是难得的记忆。”说完，我在黑板上写下六个大字：问题、自主、变化。我说：“同学们，请大家牢牢记住这六个字，这可是我们师生共同找出的六个字，这六个字里面蕴藏着我们对新语文课堂的理解，也将是我们今后品尝语文学习快乐的源泉，这是我们课堂快乐的真言。”

带着快乐的心情走出教室后，我想，其实对于保持语文课新鲜感的想法，哪个语文老师没有？然而你要真正做，真正是说出容易履行难。我知道，我是自己给自己出了一道天大的难题——这六个字，对我来说，会不会是我自己给自己套上了紧箍咒？

都市语文纪事4：随笔不“随”与随笔要“随”

科代表和几位同学来问假期作业什么时候评讲，这提醒了我，因为忙于开学事务，把第一天科代表和几个同学抱过来堆放在办公桌旁的假期随笔给忘了。因为明天就是周末，所以一下午什么也没干，就批改假期随笔。

绝大部分同学的假期随笔无论从量上、质上都完成得不错，尤其是文字的工整性，除了几个男同学外，其余绝大多数同学都做得相当不错。文笔与内容上可圈可点的也是甚多。同时，我也发现了一些问题。第一个问题是在内容上和形式上，一些同学在内容上过于随意，使得文章几乎没有内容，形式上过于随意，导致随笔的结构不完整，语言表达的杂糅和行文思路上的混乱比比皆是；第二个问题则刚好相反，就是内容上和形式上，部分同学过于严谨，放不开，写出来的东西不像随笔，篇篇都似课堂作文。两种问题又共同导致一个问题：同学们写随笔写得很累，也就是说，他们的随笔中既少了轻松自如几个字，又少了“心”和“真”字。

在我的观念中，随笔是培养学生对语文感情的最好辅助手段，因为在随笔中学生可以抒写心灵和思考生活，而初中阶段正是同学们身心正在发生巨大变化的时期，搞得好的话，抓住了随笔就抓住了打开同学们的心灵与情感的钥匙，从而吸引他们对语文、语文教师和语文课堂甚至是对整个学习的激情。所以，教书以来，我一直重视批阅、讲评同学们的随笔，培养同学们的期待感和成就感。从前几届学生的效果看，我的这种思路与做法是非常有效果的，所以，我也多次把这种想法传递给了同事们，有几位对随笔重写不重评的同事也在体验之后有了同感。

但是，引导同学们在随笔路上走向“心”字和“真”字，并不容易，这需要教师花精力去引导。而今天，我又将面临这个问题。所以，放学前，我在以肯定为主的假期随笔点评中，在大面积表扬之后，又对其中一些爱写心灵之作的同学的随笔进行了大力表扬。然后，我特别给同学们点明了随笔写作的要处：随笔不“随”与随笔要“随”。我说，不随，就是在追求轻松的个性中，适当讲究一些形式，注意一些内容。要随，就是写出个性，写出自己，写出心灵，写出生活。以要随和不随作为标尺，我们的随笔就会飞速进步。

最后，我提出几条建议：一是随笔从原来的每周三篇变成每周两篇，每周三篇的摘抄以后取消；二是如果有同学感到这周的随笔实在无法完成，可以少写或停写；三是从下周起，两篇随笔中的一篇暂时由老师给话题。这一周的话题是“底层的深圳”。关于第三条，我解释说，我们的随笔从现在起首先走近我们都市生活，我们将用一系列的随笔，观察、思考和表达我们的都市——中国改革开放最前沿，世界城市发展史上最神奇的移民城市深圳。

这是开学的第一周，虽然只上了两节课，借用了十五分钟的周五课外活动，但是我感到，这是充实的一周，也许这是我的新语文之路的好开端。我感到了某种从未有过的信心正激荡在我的心头。

都市语文纪事5：民主竞选新的语文科代表

升完旗后，科代表赵雪莹和另外一名同学送来一摞厚厚的随笔本，他们走后，我才发现，上面有一张纸，竟然是一封科代表的辞职信。我吃了一惊，仔细看，内容大致是说自己感到不适合做语文科代表，希望辞去科代表职务，让其他同学来做。是不是因为上次第一单元战争自主活动课的事？我有些自责，本以为那件事都解决了，没想到无意间伤了孩子的自尊心。

周一上午的课最多，上完三节课的时候，综合班班主任周老师说，下午的班会课要进行科代表竞选，我又是一惊，问其原因，是不是因为语文科代表的事？我赶紧说可别伤了孩子的心，让孩子引起误会，这样多不妥，只需多给她找两个帮手就行了。谁知周老师说，竞选科代表的事上学期就说了，同学们都有思想准备。周老师跟我一样，都非常喜欢赵雪莹这个诚实又文静的学生，都希望她仍然参加竞选，好好锻炼一下。周老师更希望她去竞选学习委员。我才舒了一口气。

周二快放学的时候，周老师说，结果出来了，语文科代表选出了三个同学：杨明妍，武月和方东。虽然没想到会选出这么多，我还是接受了周老师的意见。当我询问赵雪莹时，她说，她本来准备竞选学习委员的，因为好几个优秀的同学都在竞选，她放弃了。我想找她谈谈，我对周老师说，我怕为此影响了学生今后的学习。

周三的课外活动，赵雪莹来找我了，在办公室外面的走廊上，我询问了她的想法，原来是感冒严重了，不能说话，才放弃了。她是一个好学生，朴实而真诚，看来她并没有多大的思想负担。我们师生间的谈话一直伴随着笑声，我的担心也在赵雪莹略带腼腆的笑声中烟消云散了。

都市语文纪事 6：科代表任务分工

由于周三学校开党员会，我没来得及跟新选上的三位科代表直接交谈，但从感觉上，我对杨明妍和武月两位同学还是基本了解的，对另外一位同学方东虽然不是特别了解，但是从周老师口里知道了许多。

杨明妍外表看起来是一位性格略显矜持的同学，课堂发言冷静而有深度。第一次都市观察随笔“底层的深圳”中，她从“游离在农村与城市的边缘人”这个角度入手。在评讲时，我充分肯定了她、何天扬、吴迪思、郭逸馨、周琪等同学们的随笔角度。

武月是一位性格开朗、外表恬静、活泼可爱的阳光女孩，白皙的脸上戴着眼镜，上课发言积极而踊跃，总是举着手。她看起来是一个很有感染力的同学，班级刚好少一个这样的同学来组织以后的语文自主课。班主任周老师在谈起武月时提醒我说，武月有些粗心。

周五上语文课时，我先请全班同学对赵雪莹同学过去为同学们的付出表示感谢，然后郑重地在全班同学面前为三个课代表分了工。

杨明妍，第一语文科代表，总负责。主要负责以下工作：

1. 每天的作业布置、检查与督促；
2. 策划一些有深度的语文话题课活动；
3. 早读的组织；
4. 协助老师做好各种与学科有关的日常工作；
5. 负责对语文基础较弱的同学进行帮助；

6. 定期向同学们推荐优秀文学、文化作品和同学们的优秀作品；
7. 具体负责随笔的管理；
8. 把同学们的想法与问题向老师反映。

武月，第二语文科代表，配合杨明妍工作。主要负责以下工作：
1. 负责语文自主活动课的策划与组织；
2. 协助杨明妍组织早读；
3. 负责班级文化活动的策划；
4. 负责综合班师生生日文化活动的策划；
5. 负责分发报纸；
6. 具体负责课堂练习自主性的管理；
7. 负责开度语文校外活动时与同学们的沟通。

方东，第三语文科代表，配合前两位科代表的工作。主要负责以下工作：
1. 负责综合班网上活动与管理；
2. 负责学习中的后备工作，如摄影等；
3. 负责把同学们语文生活的图片进行整理并上传网站；
4. 负责语文阅读课；
5. 负责帮助语文基础薄弱的男生提高成绩；
6. 具体负责课堂大作文的管理。

同学们可能没想到分工这么多，听得很用心，但是也有一些议论。我进一步讲了顾全大局之类的话之后，希望同学们支持科代表的工作，也希望科代表尽心尽力为同学们服务，共同提高综合班的语文成绩。

我期待这个班的同学在语文学科上创造奇迹——要知道，以后再也不会有综合班的说法了。因为从下一届开始，学校不再分实验班，南山区教育部门也不再允许。

都市语文纪事 7：综合班网本作业及网上社区

由于新人教版教材配套训练相对薄弱，我琢磨在文言文单元学习中，光靠背诵恐怕不够，必须要有一定的综合能力训练。于是我想到了上学期就已经考虑到的人教版文言文阅读训练系列。这个系列从初一到初三，每一课都有，完整而有序，正好可以随时用来让同学们训练。

因此我想到了网本作业。因为：第一，方便，一上网就可以复制，不像纸本作业还要手写；第二，节约成本，尽管去年采用的是环保纸张，学校印刷费仍然高达几十万元；第三，换了一种学习方式，同学们做了过多的纸本作业，换一种方式，即新鲜又有效；第四，效果好，因为网本作业可以随时跟其他同学的作业对照，对于自觉性本来很强的综合班同学而言，是提高效率的好办法。

至于网本作业的操作方式与管理，也不麻烦，基本上分为三步：第一步，从巅峰网上“巅峰文言后院”栏目中直接复制刚学过的篇目的阅读训练，然后电子答题；第二步，做完后用真名将作业粘贴到综合班专用网上社区的“网本作业主题”中；第三步，老师网上签阅，并及时更正和评价。

刚好综合班的网线已经开通，于是我讲完意义，再讲操作，同学们看来都能接受。

另外我告诉同学们其他两项最近的网上活动：一是巅峰网首页上新增“我们的都市”一栏，要求随笔“底层的深圳”完成优秀的同学把作品发到网上，供其他同学进行阅读；二是为促进同学们的学习交流，巅峰论坛中特别开设“综合班网络活动社区”，今后同学们的网上活动将经常在那里开展。网上社区共分六个区间：网本作业间、思想碰撞间、课堂学习间、情感交流间、文化沐浴间、休闲娱乐间。

对于综合班同学的上网方式，考虑到同学们自主性更强，我没有像网络班那样三限：限内容、限时间和限地点。我想，在这方面也许综合班利用网络时会更轻松一些。

都市语文纪事 8：陶渊明笔下的世外桃源

考虑到学生们的学习兴趣和课堂教学内容的合理性，备课组决定将本册两个并列的文言文单元与现代文单元穿插起来教学，所以从本周起就开始进入文言文学习了。

第一课陶渊明的《桃花源记》总的来说学习得还比较顺利，但也有三点遗憾：第一点是上周五放学前点名布置的作业，请成紫晗同学寻找一些与作者和课文有关的资料，由于我当时安排任务时没讲清楚，导致孩子误解为转述课文内容了，因此我只好临时代劳；第二点是课文学习过程中一个重点环节是让同学们理解主要内容，由于我给同学们的时间和叮嘱太少，以至于几个同学翻译质量不高，其中有书写最好的杨楷同学，当然，杨楷在获得第二次机会时，做得不错；第三点是课文学习时关于陶渊明笔下“世外桃源”思想境界的讨论，也由于课堂时间和主动权放得不够，使得讨论没有自然上升到一个理想的高度，当然，张粤同学仍然在这个问题上有自己独到的思考和表达。相反，在基础相对薄弱的网络班，这三个环节都反而做得要好一些，一个因上课一直爱说话被我批评过几次的男生，在翻译最后两段时，竟然做得很好，受到了我的大力表扬。

但愿小小的遗憾不影响同学们今后学习的自信心，我想责任应该在我：一是交待任务时不够明确；二是自主学习的重要性讲得不够；三是课上的时间与空间给得不够。所谓学生的自主性和积极性，我想，其实是在教师的科学而有效的指导下形成的。什么样的教师引导出什么的学生，课堂上以自己为主，以时间为主，以任务为主，学生的位置自然就淡化了。

都市语文纪事9：引领同学们攀越“随笔山”

花了半天，外加一个晚上，一个早读和一节课，我批阅完了同学们的全部随笔，为了引起同学们的重视，提高质量，我决定利用周三的语文课，再好好评讲一次同学们的随笔，以培养同学们的成就感、期待感。

可能是由于第一周随笔讲评同学们看到了教师对随笔的重视，第二周的随笔写作中有几个同学写得明显有进步，我在讲评前首先表扬了进步特别大的同学李维佳、吴迪等。

然后我将随笔分成三类，第一类12名同学，以男生为主，是重点提醒对象，因为从写的情况看，质量不是很高，我一个一个指出了同学们的优点及问题，当然，为了不引起同学们的紧张，我在评讲时有意制造了轻松的氛围。我期待这部分同学接下来的随笔会有大的进步。

第二类的随笔以表扬为主，略加提醒，希望能写得更好，这部分占绝大多数，女同学较多。

第三类同学的随笔从内容、角度、文笔、态度、思想、感情等方面看，都显得很有质量。我从这些随笔中看到同学们的优秀潜质和严谨学习的态度，也看到他们成长中的情感和思考，看到了他们锋芒毕露的才华。如郭逸馨、何天扬、吴迪思、林焕坛、郑伟杰、赵雪莹、周琪、梁艺瀚、石奉奇、杨明妍、武月、张雯杰、张粤、巫璨、黄文恬、白雪菲等。

白雪菲同学是一个把随笔当成精神家园的同学，我在她的随笔中读到了“一天看不到随笔本就像丢了什么似的”一类的话。她主动写得很多，每一篇都在用心写。当然，我也提醒她注意要多写生活真实的东西，从“底层的深圳”这一话题的随笔来看，她写得较为粗糙，这说明她的随笔随意性过强，遇到在范围里写随笔，可能会束手无策了。

石奉奇写了一篇《月色苍狼》，这篇随笔意境看来很深，我读了两遍，还没有完全读懂，但是从写作的严谨态度上看，我能看出他渴望超越的念头。上次课堂作文《凭吊圆明园》，他竟然跟我说他还想从另外一个角度再写一篇，精神可嘉。对于这篇作文，我作为推荐篇之一，要大家都去读读，并建议石奉奇把作文发到巅峰网上，让同学们讨论讨论。事后石奉奇对我说，他是有意在模仿郭敬明的笔法。我建议下周一上课时请他简单谈谈写作动机。

这一次评完了每一位同学的随笔，用了整整一节课，虽然从总的情况看，优质随笔的比重还是显得略小，而质量一般的随笔比重显得较大，但是我仍然期待好随笔会一次比一次多。

都市语文纪事10：成功的“底层的深圳”话题课

话题课是我两年前独创的一种语文新课型，当时主要是考虑到语文课上衍生出一些非常有价值，而学生又感兴趣的话题，但是由于教学时间受限，这些话题只能忍痛割爱。于是我想，能不能用专门的时间来让同学们就某一有价值的话题展开讨论？这样一来可以增加语文课的宽度和深度，二来可以换一种方式来学语文。

没想到这种课从一开始就受到同学们的喜爱。相对于正规的课堂，话题课往往就某一话题展开课堂讨论，主题明确，线条明晰，氛围轻松，生活味浓，学生们的压力较小，因此放得开。

周五的第二节语文课是“底层的深圳”话题课。由于这是同学们第一次开展这样的活动，又完全是自己主持，所以我上周就提前进行了动员，让同学们做好准备。活动开始的上一节课快下课时，我又对同学们进行了一些必要的精神放松和技术上的提醒，总之是希望同学们投入些。

话题课进行得出人意料的成功。第一次主持的科代表杨明妍同学主持得也相当冷静，调控得当。活动共分三个环节：一是笔下的底层深圳，主要由几位同学念念自己的随笔；二是眼中的底层深圳，主要由同学们自由谈谈对自己眼中的底层深圳的认识；三是心中的底层深圳，主要由同学们讨论张粤上周提出的争议性话题：对于底层的深圳人，我们究竟要不要给予同情？

第一部分中，吴迪思、林焕坛、何天扬、杨明妍四位同学们念自己的随笔，声音大，吐词清，内容好，感染力强，效果很好，一下把同学们带入了底层的深圳。

第二部分中，同学们的发言各有千秋。张粤谈到他眼中的深圳早期创业者今日的尴尬处境；姜宇田谈到深圳本来就是一个优胜劣汰的城市，底层人应该学会改变；郑伟杰眼中的底层深圳是一群清洁工；赵雪莹眼中的底层深圳是邻居家的一位保姆；吴迪思说即使老师不布置这个随笔任务，她也早就在关注，真是难能可贵；周琪呼吁不要同情不要怜悯，要做的是让爱遍及深圳；付嘉文竟然把深圳人分为了四类；伍雅纹说关注底层的深圳不如从不乱花钱做起；郭逸馨眼中的底层深圳更深刻，她说这些人处在这样的环境中也很努力，他们也有梦想，试图做一些事情改变处境，他们应该受到尊重和祝福，她的话一气呵成，充满真情。

第三部分中，当初挑出话题的张粤当然说得最多。可贵的是周琪、潘南越龙、张雅淇、杨宇韬、姜宇田等同学展开了激烈的争论。不足之处是把话题放在乞丐上的时间略长了一些。这一点主持人杨明妍做得不错，她中途提醒大家可以把话题放得更开一些，不过不小心又被同学们把话题扯了回去，影响了讨论最后的高度和宽度。

本次话题课经典语录如下：

为什么写这篇作文，并不是老师布置的，而是一直在关注。——吴迪思

不要同情不要怜悯，最好的办法是让爱遍及深圳，因为他们也是基础的生产力。——周琪

这些人，红灯、绿灯他们都敢闯，奥迪、宝马他们也敢撞。——付嘉文

他们身处这样的环境，仍然很努力，也有梦想，也希望做一些改变，相信……——郭逸馨

我们不能给他们尊严，是他们自己给自己尊严。——张粤

当我们暂时无法分辨真伪的时候，不如尽量努力地往好的方面去想。——姜宇田

打个比方，你手里拿着十五元零用钱，从海雅一路走到满家福，遇到一个

乞丐，你给他一块钱，你会发现，当你走到满家福时，你手里的钱一分都没有了。——张粤

小遗憾：我坐在王伟竹同学身边，我看他整节课都一直想发言，可是都被别人抢走了机会。

都市语文纪事 11：首次语文网本作业效果

周末两天中我一直在关注一件事：综合班同学的网本作业效果。由于是同学们第一次进行网本作业，在对同学们进行语文双基训练时，我也是第一次想到用网本作业的方式，所以，这次作业，我为同学们和我自己都留了较多的空间，对于这一次网本作业我没有特意用专门的时间去小结，我想，还是等做几次以后再说吧。

有百分之六十的同学按时完成了任务，从答题的情况来看，质量也不错。作业专区的点击率也挺高，这说明不少同学不仅按要求自己完成了，而且还和别的同学进行了交流，这一点让我感到特别欣慰。我想，这也是网本作业与纸本作业比起来，所特有的一个优势：作业完成的状况可以随时进行交流，不光是扩大了信息量，也为同学们自己解决问题提供了方便。

对于同学们发上去的网本作业该怎样批改，也让我有了新的体验。一开始，我采用直接回帖的方式，结果发现效果并不理想，因为回帖子不是直接附在同学们的作业帖下面，影响了回帖效果。后来我又想到用站长的特权，直接对帖子进行批复，没想到非常方便。这样我对每一个同学的作业进行查阅后，都在后面进行了等级批注，对其中十多位同学我还特别给予了个性化的、带鼓励性的批注，我想，这种鼓励的方式也是网本作业所独有的。

看来完成了网本作业的同学，感觉都还是可以的。周一上课前，我找了几位同学简单询问了一下他们对网本作业的感觉，他们都说回应挺方便的，还可以随时看看别的同学作业情况。但是由于第一次做网本作业，也还是有几个问题需要注意：第一，作业最后真实姓名的落款问题。第二，无法上网的同学，如郑伟杰等，应如何解决问题？第三，集体评讲怎么办？是课堂评讲，还是在网上公布答案？我想，对于这几个问题，等第二次网本作业之后，专门让同学们讨论讨论。

对于网本作业，我想用适当的时间，适当的内容进行下去，甚至涉及现代文等。

遗憾的是，对于社区中另一个栏区我专门关注的石奉奇的新作讨论，跟帖并不多，看来良好的争鸣风气的培养还有待时日。

都市语文纪事 12：《陋室铭》课上的发散思维

由于上周教学的节奏稍显快了些，怕影响了文言文学习的实效性，因此本周的课堂教学打算放缓一些。

周一的语文课把课本上两篇短文的内容，改为只完成《陋室铭》的学习。结果完成得很轻松，由于几位同学的带动，同学们的几次集体朗读效果都非常好。读完和学完之后，我略微补充了一些关于刘禹锡和骈文的知识，并让同学们背诵这篇文章，很多同学当场就能背诵了。

更可喜的不在这里，在于关于这篇短文的主题思考：虽然没有给同学们足够的时间去展开讨论，但是还是有一些同学从刘禹锡的文字中看到了一些消极因素，如从“谈笑有鸿儒，往来无白丁”中，看到了作者轻视普通百姓的旧知识分子的清高思想。张粤同学提到这篇文章中似乎有“阿 Q 精神”的味道，说不可取。我肯定了他的独立思考。

到底这篇文章中有没有“阿 Q 精神”呢？我首先问同学们对“阿 Q 精神”内涵的了解情况，名字都知道，内涵大家都摇头。因为这个问题我事先没有考虑，所以只简单告诉同学们两点：一，“阿 Q 精神”的内涵很丰富，但是有一点是核心，就是自欺欺人；二，“阿 Q 精神”从古到今确实在我们的生活中广泛存在着，是一种消极处世的态度。

至于本文的作者和他笔下的文字是否具有“阿 Q 精神”，我没有给出明确的答案，这也是我一贯面对特殊问题的方式，因为确实许多课堂上枝生出来的问题是不可以给出明确的答案的。但是我告诉了同学们，刘禹锡生活的时代，正是唐朝历史上最腐败的时期，宦官专权，主从奴命，党派相争，朝不当事，官不责任，许多人在这样的复杂形势下采取明哲保身的做法……

也许这个问题的本身是不能肯定的，但是对于张粤同学的独到发现，我想应该充分肯定。这位同学身上具有非常难得的独立思考精神，几乎每一节课上，他都要对一些问题说出自己的想法。我鼓励同学们都要开发自己身上的这种素质，尤其是发散思维的精神和意识。

这节课上，有的同学还对篇末“孔子云：何陋之有？”这句话存在的必要性提出了质疑。两位男同学主动解释了这个问题，爱在随笔中写议论文的郑伟杰的解释相当到位：充当论据。

都市语文纪事13：人与环境的讨论启示

在对网络班同学的第一次课堂作文“我与网络”进行批阅时，我的脑子里就一直在想着这样一个词：环境。因为作文中几乎每一位同学都不约而同地谈到了过去两个学期里环境对自己的影响。所以我想，不如以较为自然的方式引导同学们敞开心扉谈谈自己对这件事的看法，对于网络班的同学而言，提高警觉性；对于综合班，则是利用优越环境，展开更深层次的思考，以利于今后超越自我。

楔入点我决定放在第三篇文言文《爱莲说》的学习之中。因为把《桃花源记》《陋室铭》和《爱莲说》三篇文章放在一起横向比较时，我发现了一个更为有趣的现象：三篇文章事实上都在谈自己如何看待所处的环境——面对动乱的局势，陶渊明想寻找一个理想的世外桃源，隐居为生；而处于社会大没落时期的刘禹锡，争无路，躲难成的时候，他想到了“躲进陋室成自己，管他东南西北风”的处世方法；至于周敦颐，他虽对周围世事极为深恶痛绝，但是既不选择逃避，也不选择固封，而是响亮地提出了“出淤泥而不染”的为人处世准则。在不同的环境中，每个人可以经过自己的思考而拥有自己独到的处世方式和哲学。把三个人联系起来时，是完全可以让同学们受到深刻的启发的，而这一点，对成长和做人十分有利。

但是出乎意料的是，两个班对这个问题讨论的效果迥然相异。本来在备课时我非常看好的综合班同学，在对这一问题的讨论上反而相对沉闷，举手发言不踊跃，讨论时的话语含金量和深度明显不够。网络班的讨论却出人意料的热烈，很多同学都就这个问题发表想法，黄雁捷同学在第二次发言时，甚至说出了这样精辟的见解：对待所处的环境，先要融入，若发现不利于自己，就尝试去改变，如果个人能力有限，改变不了，就试着去中和，如果中和也不行，就坚持自己，像周敦颐那样。他的话赢得了同学们的掌声，事实上，许多同学的对话都在试图从某一方面切入实际。

这确实是我意料之外的。课后我在回顾比较时发现，有三个认识：第一，体验不一样，网络班一直处于一种环境的负面影响中，很多同学深有体会，综合班的同学相对处于正常的环境中，这方面的焦虑与体验少；第二，心态不一样，网络班的同学一向爱说敢说，甚至敢瞎说、胡说，不考虑太多，而综合班的同学一般是想好了再说，说就要说得一鸣惊人；第三，角度不一样，网络班同学其实就是在谈自己，谈班级，综合班同学爱纵深思考，而又一时想不出更好的东西来。所以，这就造成了两种完全不同的结果：网络班的讨论非常有实效，而综合班几乎没有什么实质性效果。

这件事对我来说也是一个思考，看来话题好，不一定就能出效果，关键是巧妇还得有“米”。网络班的同学手中有“米”，而综合班的同学手里没有，所以，难为了同学们。课下，我还单独找了郭逸馨、石奉奇等几位同学交换了一下对这个话题的看法，也初步证实了我的看法，石奉奇说：“话题一出来，我就想了许多方面，结果总在找最好的，没想到最好的被其他同学说了。”

不过还是有一些精彩之处值得圈点。郑伟杰提出了“人遇到狼群”的三种应对方式，他说，一种选择是躲进山洞，一种选择是以死相拼，一种选择是与狼共舞。

都市语文纪事 14：城市文化追踪 2——时间的深圳

尽管这一周的事多得要命，我还是挤出时间把综合班的随笔给批阅了。虽然只要求同学们写一篇，但是仍然有相当一部分同学用心完成了两篇，把随笔当成精神家园的白雪菲同学就是其中之一。

由于接下来两天校内活动多，周五的两节语文课又被挤掉了，所以周三放学前还有一刻钟的时候，我抱着同学们的一大摞随笔本到了教室，同学们正在聚精会神地上自习，看到我抱着随笔本来了，许多同学的眼中流露出期待的神情。

十五分钟的时间根本不够用，所以我对同学们说一个同学我只点评一两句，而且侧重评点命题的“时间的深圳”（部分同学以“忙碌的深圳”为话题）。

全班同学都很兴奋。我仍然和上次一样，首先肯定作文进步大的同学，这一次的人数比上次翻了一番：吴迪、付嘉文仍在其中，另外还有张凯蕾等几位同学。张凯蕾是校舞蹈队的队员，舞跳得相当好。随笔写得虽然短了一些，但是这一次也写得有进步，我想应该肯定一下。

同“底层的深圳”相比，这一次有了明显的进步，不少同学从命题到角度，到内容，再到立意和语言组织，都有起色。白雪菲上一次的随笔“底层的深圳”内容稍显空洞和肤浅，这一次一下来了个一百八十度的大转弯，另外一篇也相当不错。黄文恬的这一篇虽然我当时忽略了一部分内容，但是仍然感到她写得很用心。郑伟杰写了一篇让我能看到他内心的文章：写他对妈妈忙碌的理解，难怪他的学习态度那么端正。石奉奇以“深圳速度”为题，写得十分干练。罗去鹏的随笔依然字迹工整，思考用心。这个班的男同学有好几位相当用心，是前几届特长班所少见的。

班上年纪相对较小的成紫晗同学的这一篇随笔比上一篇更显成功，她以“睁着眼睛睡觉”来切入话题，是这一次随笔命题和角度出色的同学之一，我对这位才十三岁的同学能有这样的发现和思考感到欣慰，也着力肯定了她。除了成紫晗同学之外，还有十多位同学的文章命题、角度和内容俱佳，只因为当时时间紧，我没有一一记下（下周补上）。

最出色的一篇随笔，是何天扬同学的，她以乐谱的形式来解读“时间的深圳”，题目叫《时间在深圳迷路》。她从七个角度写出了对“时间的深圳”的理解与感悟，形式新，又有内涵。我建议同学们都去读读。

下课后，何天扬来到我跟前说，她本来是准备写父亲的，这样内容可能更充实些，这篇文章她觉得有一点不足，就是感到内容不怎么充实。我非常喜欢这个同学的自我批评精神，我对她说，形式和主题成功的文章，往往内容上可能欠缺，反之亦然。有这样的想法，说明她在成熟。郭逸馨这一次借用了朱自清的《匆匆》的题目，解读方式特别。这个班的女同学兰心蕙质者众。何天扬同学就是其中之一。

付嘉文和吴迪的随笔这次进步特别明显，尤其是前者，写出了男同学文笔所特有的洒脱感，我想这样下去他的进步会更加明显，付嘉文同学看来也对自己的进步比较满意。

也有十多位同学的随笔这次没有得到肯定。我从一些同学的眼神中看到了失望。在回办公室的路上，姜宇田同学从后面跟了上来，对我说，想听听我对他随笔的评价。我才觉得自己忘了一件事，因为本来我就有评完后找他说一说的想法。姜宇田同学是班上很有个性和独立思考能力很强的一个同学，在这次的随笔中，我也读出了他的用心和渴望超越的想法。

他的随笔由于选取的角度过宽，所以显得思想性很好，但是内容略有些空洞。我鼓励了姜宇田同学，我认为这样有个性的同学如果发展方向对的话，潜资被开发出来的机率会非常大。

被表扬的同学，我要求大家把佳作发到巅峰网“我们的都市”一栏中。我吩咐科代表转告受到肯定和表扬的同学，看来，这一次走进深圳，走向城市，走向生活的深圳发现随笔行动是对的。我期待下一次的随笔。

都市语文纪事 15：文言文口语强化自主课

随着文言文课堂学习的推进，我逐渐发现了一个问题：综合班同学们的总体口头翻译能力较弱，虽然问题只出现在局部，不能以偏概全，但是从连续出现的情况看，一部分同学起码是忽视了文言文口头翻译这个环节的。

在语文学习小结上，我指出这可能是目前为止暴露出的薄弱环节，既然如此，当然要进行改变。我在《爱莲说》一文的学习快要结束的时候，提前告知同学们下一篇《核舟记》一文的学习，将主要练习口头翻译的能力，同学们提前准备一下。

这节课我决定完全让同学们自己来，武月主持课堂。周四早读，我把武月同学叫到走廊上，向她简要交代了一下这节课的组织方法，然后就把任务交给了她。

第二节是语文课，我在简单交代这节课的目的和课型之后，就把课堂交给了武月。同学们给予了第一次主持语文课堂的武月同学热烈的掌声，掌声也让我看到同学们对这种自主型课堂的接纳和需求。

武月简单、明确地给大家提出学习的方式：全班共七个组，除她所在组外，按组序每个组按段落顺序各负责一个段落的口译，而组里的同学按座次以课文逗号为单位，每人负责一句话的翻译，多余循环。至于武月所在的组，则按照座位顺序，每个人依次负责一个组的评价，要求找准问题，评价到人。最后哪个组问题最少，评哪个组为优秀组。其实这有点像小学时的“开火车”。

稍作准备后，同学们的口头翻译开始，一切进行得相当顺利，除极少数同学对个别语句把握不好外，绝大部分同学都十分注意自己翻译的准确性。评价的同学也表现不错，最后吴迪思所在的二组获得最佳翻译组。七组的问题略多，因为这个段落里面的“为”字太多，第一个同学把“为”理解为“有”，后面的同学全都理解成“有”了。被评价为最佳组的二组受到鼓励，集体齐读时也读得最为声情并茂。

不到二十五分钟，一篇长长的文言文就学完了，每个人都意识到了口头翻译的重要性，都获得了一些成就感；而进度同步的网络班由于我采用的是传统的教师和同学们共同学习的方式，第一节课只学习了一半内容，综合班这节课的学习效率是网络班的四倍。换句话说，同学们自主课堂的学习效率是传统学习方式的四倍。所以结束时，同学们不由自主鼓掌祝贺。

这掌声，是给同学们自己的。我想，这节课以后，同学们的文言文口头翻译能力一定会上一个新台阶。当然，这节课中最开心的人，应该还是武月。

都市语文纪事16：作业多元化的辗转反侧

因为到了国庆，怎样给同学们布置合理的假期作业，这件事成了让我辗转反侧的事。周五，我特地向英语老师借来早读，花了十五分钟时间布置和解释了国庆作业。

这次我给同学们布置的作业共三项：一项是文本作业——《核舟记》自主性学习及《大道之行也》书面翻译和一张文言文复习试卷；第二项是练笔作业——一篇个性化随笔，另一篇“旅游的深圳”社会观察写作；第三项是网本作业——将“时间的深圳”随笔发到，浏览网站相关内容。第三项仍然空间较大，强调选择参与和适量参与。

这次对于作业的思考，在让我辗转反侧的同时，也让我悟出了许多。对于深圳的学生来说，课余作业的布置其实是教师们的一块心病，不布置不行，不然学生们业余时间干什么呢？多了更不行，那会给孤独的他们更多的压力，太单一了也不行，会让他们厌倦和疲惫。所以以“多元化”为宗旨来实现作业的丰富性、兴趣性、知识性，是我们作为教师应该考虑的。毕竟我们的学生已经不是身处当年我们读书的时代了，我们得考虑他们的需求。

看来解决这个问题还需要有一个过程。我想，真正让作业既知识化又人性化，既多元化又兴趣化地往前发展，光靠教师想不行，最终得由同学们作主，让日渐长大的同学们自己选择作业。所以早读安排完了作业以后，我把杨明妍叫过来，对她说，以后关于布置作业的事，作为科代表，她也要多替同学们想想，不只是解决多与少的问题。

作业的科学性，也是新语文教育本身的一个重要组成部分，也许我们以往过于忽略了。

感动：这段时间，伟竹同学仍然以很高的热情在巅峰网上和同学们互动，让我非常感动。这是一个非常热情又有激情的同学，我想，国庆之后，应该对他委以重任。

都市语文纪事 17：关于“生日”二字的断想

国庆长假后的第一天上周四的课，语文课是第一节，按照以往，放假后的第一个上午课不好上，因为同学们精神往往不会很好。有人把这叫做“假日综合症”。我对今天的课早有准备，因为今天——9 月 8 日是综合班张戈弋同学的生日。

到教室去的时候，我把第二科代表武月同学叫到教室外面的走廊上，笑着问她知道不知道今天是谁的生日，因为是武月分管这方面的工作，而且当时提到这件事时我特别强调了，武月同学马上想起来了，说今天是张戈弋同学的生日。我提醒说，可以用适当的方式对同学们告知一下，让同学们能给她一个开心的祝福。我又进一步提示她说，既然全班同学的生日都整理出来了，而且“巅峰网”上也建立了我们自己的生活情感社区，理当发挥作用，一定要关心一下，在同学们的生日到来之前作一个公告，让大家都知道这件事。

今天上课的内容是《礼记》中的《大道之行也》。我在放假前就对同学们明确了这节课的学习方式：以书面翻译为主。一是因为上一篇《核舟记》是以口头翻译为主；二是因为这篇文章是本单元最后一篇常规文章，而且篇幅短小，易进行书面翻译训练。所以这节课的内容并不多。

我简单交代完学习内容后，就请张戈弋同学起来给同学们朗读一下课文，武月在下面会意地偷笑，大概知道我的用意。张戈弋同学平时发言很少，大概今天也没有想到，声音略小，我提醒后她的声音才稍大了一些，她读得很流畅，我表扬了她。我告诉同学们，今天是张戈弋同学的生日，大家应该向她表示祝贺，同学们先是诧异，继而会心地全都笑起来，热情地鼓起掌来。我特意问她今年多大了，她说才十三岁，我又随口问班上还有谁还比她小，同学们有的说是成紫晗，有的说是汪海天。我笑着说，你们真的都还小，要走的路真是长啊！

虽然是节后第一节课，但是由于有这一环节，课堂显得很轻松，接下来同学们书面翻译也进行得十分顺利，授课时间用了不到十五分钟。多余的时间我给同学们讲评了自主性。

关注同学们的生日，我参加工作以来，听说过不少老师都在用不同的方式做这件事，著名语文教育改革家魏书生和班主任工作名师李镇西都把这件事看得很重。我也一直十分看重这件事。印象中好多学生在毕业之后都记得大家为自己过生日的情景，而不论这种过法是怎么样的。这其实不是一件小事，虽然生日这两个字太平凡，但是对于某一个人而言，这两个字的份量是沉甸甸的。更何况对于生活在都市的独生子女们来说，大家都是非常需要周围人对自己关注的。所以关注这个人的生日，和关注这个人的存在是一致的。

而且我还想到另一个层面的问题，通过关注身边同学们的生日，培养同学们的关注意识，从而以不同方式走近我们的冷漠和孤独，我想这正是做这件事的意义所在。

都市语文纪事18：君子标准与花格人格

由于课程改革的进度稍快，所以与教材和教学相配套的训练内容没有跟上，与人教版配套使用的训练内容是南山区自己编写的。从几年的使用情况来看，系统性和针对性都不够好。也有一些有价值的练习设计，昨天在自主讲评时，我就发现了《爱莲说》一文训练中的两道题。

第一道题是：《爱莲说》中，作者说“莲，花之君子者也”，又以不同的口吻表达自己对莲的情有独钟。但是人们对于“君子”含义的理解是很丰富的，你能说说你心目中“君子”的标准吗？

第二道题是：《爱莲说》结尾处作者将牡丹、菊和莲三种花进行比较，以花喻人，借此表达自己的生活态度，你喜欢哪一种花？或者说你喜欢一种什么样的生活态度？

当讲到这里时，我感到这两道题还不错，可惜快下课了，于是匆忙结束了讲解。但是下课后反复斟酌，感到这两道题很有含金量，一道是对做人标准的探讨，一道是对生活态度的思考。看似两道小题，却可以从做人标准和生活态度两个重要角度来引导同学们思考成长。所谓借鸡下蛋，教育其实很多时候是重在抓时机，时机抓好了，春风时雨，事半功倍。我晚上就一直在想，第二天上课一定将这两个问题再讨论讨论。

果然不出所料，同学们对这两个问题讨论得很激烈。大家生活的环境不一样，性格不一样，对君子标准的定位也不一样，有的说君子应该为人严谨，不苟言笑；有的说君子应该不计小失，胸怀坦荡；有的说君子应该一诺千金，讲诚信；有的说君子应该心底无私，敢于直言；有的说君子应该气宇轩昂，风度过人，等等。

在同学们思考的基础上，我结合孔子与孟子两位儒家先圣的为人处事风格为大家做了进一步引导。我说，这两个人都是圣人，他们的思想精神影响着一代又一代的中华儿女，但是两个人做人标准迥然不同，一个主张谦虚、中和、忍让、内敛；另一个却主张大丈夫气节和浩然之气。但是两个人都是公认的君子，都一样为后人景仰。所以，君子的内涵很多。只要大方向是对的，是做正直、无私和诚实的人，就不会有错。所以《爱莲说》中的君子标准，只是标准之一，大家没必要完全照着做。同学们可以做自己标准中的君子。

下一个问题是关于“花格与人格”的讨论，有的同学问我可以选择这三种以外的花喜爱吗？我说可以。对这个问题的讨论有的同学放得开，如白雪菲，她就说出了自己的真实想法，有的同学平时思考不够，发言过于拘束。但是许多同学还是在老师的鼓励下谈下去了。

总结时我对同学们说，虽然今天讨论的两个话题似乎有点大，但是对于正处于身心发生着剧变的我们而言，其实是有必要的。因为一是怎样做人；一是怎样生活，这两个问题就如同我们的左手和右手，都很重要。今天的讨论只是为大家提供一把钥匙而已，真正的思考是要靠同学们自己，从今天起，对这两个问题，同学们可能会用一生的时间去思考与感悟。

我想，身为语文教师，应该经常有这样的敏感性，抓住时机对学生进行引导，用的是语文的方式。我想，这便是未雨绸缪。

都市语文纪事 19：从两件小事想到学习观念

因为这周四和周五有月考，这是同学们进入初二后的第一次月考，所以大家都很重视，尤其是全年级排名第一的综合班，如临大敌的气氛早在教室里弥漫。本来是不安排复习的，但是考虑到同学们的心情，我还是准备抽出一两节课，引导一下大家，尤其是文言文，显然大家还欠缺对付考试的经验。

昨天在给同学们指导复习重点时，两件小事让我一下想到了许多，其实是两个小问题。一个是："老师，《核舟记》考不考？"当我回答肯定时，相当一部分同学面露紧张神色。于是在征得同学们同意的情况下，我重新给大家讲了一遍，每个同学都听得十分用心。另一个问题是："老师，第一单元现代文考最后一课吗？"指的是美籍华人聂华苓的《我的爸爸妈妈》。我马上说，这当然是考试范围，哪知下面又传来"啊"的一声，我问大家为什么"啊"。有好几个同学说，还没有上啊。我疑惑地问："没有上？"我清清楚楚记得是要同学们自读的，自读就是没有上吗？

所以昨天晚上我对这两个问题想了很久，我思考同学们为什么会这样问，我找到了答案：学习观念问题。《核舟记》是全班同学集体上的口语课，当时效果很不错，而且集体学习完成后，我仍对全文的重难点进行了补充和强调，其实当时除了四五个小问题之外，依靠同学们的翻译和我的补充，是完全没有问题的。同学们现在表示疑惑，说明当时部分同学把同学们自主学习当成了一种游戏形式，在部分同学眼里，只有教师嘴里说出来的，才是真的。而《我的爸爸妈妈》一课是自读，同学们则认为只有教师讲过，才是真的学过。两个问题放在一起思考，我茅塞顿开，看来，我一直在考虑着教师观念的转变，看来同学们的观念转变也得考虑了，因为再优秀的同学和集体，都是从不同环境下的课堂里出来的。

不过，聂华苓的《我的爸爸妈妈》，我还得引导同学们学一遍，有些事情不是一下子就能转变的。当然这只是小事，我相信我的学生能很快转变过来。

都市语文纪事 20：三位杜诗教学“小教师”

文言文单元的最后一课是《杜甫诗三首》，分别是《望岳》《春望》和《石壕吏》三首诗，写于诗人生活的不同时期，内容、情感和写法也有很大差异。这三首诗我想同学们都是可以依靠自己的能力读懂的，于是我决定将引导解读的任务交给同学们。

昨天语文课下课前，我在班上明确了这一课的学法，并且点了语文基础较好的吴迪思和逻辑思维能力较好的郑伟杰，让他们分别负责《望岳》和《春望》的小教师教学任务，至于《石壕吏》一诗我明确地告诉大家，这是三首中难度稍大一些的，问有没有人主动担任小教师。话音未落，坐在正中间第三排的男生罗云鹏主动请缨，我当即把任务交给了他，故意逗他，问他有没有信心。罗云鹏说，试试吧。我故意假装严肃地说，不许说试，这件事只能成功不许失败。好多同学都在笑。我环视教室，好几位同学显得有些失落。

下课后，我将三位同学叫到跟前，粗略地给他们建议了一下教学要点：背景要有，范读有要，解析要有……其他的自己看着来，至于环节，自己用自己的方式来。但是也规定不准逐字逐句地翻译全诗。三位同学都很有信心地去准备了。

没想到效果还真不错。吴迪思还真摆起了小教师的架子，教态大方，语言清晰，讲授条理分明，重难点把握恰当，整个人显得非常自信。在引导中她还特别提到了三首诗写于作者生活的不同时期，更出人意料地提到了杜诗被推为“诗史”这一评价。在解析中，她紧紧地抓住诗中的“望”字，虽然全诗不见一个“望”字，但其实字字带望，从不同角度体现“望”的内容与情怀，从而流露了诗人年轻时的政治抱负。很难得。

郑伟杰的可贵之处在于他对《春望》一诗的理解非常透彻，所以解读时一气呵成，展示了他与众不同的思维连贯的特长。难能可贵的是，一开始，他还将《望岳》与《春望》进行了比较，说后者比前者在各方面更显沉稳和成熟。郑伟杰讲解时，不巧有一只小蜜蜂在同学们的头上飞来飞去，吸引了同学们的注意力，也影响了郑伟杰的教学，他竟然忘了引导同学们齐读一下，弄了个“晚节不保”。

罗云鹏相比之下是三位中最注重教学程序的一位，从范读到背景交代，再到重点句理解和引导齐读，环环下来。略显不足的是，底气显得有些欠足。

接下来是同学们的点评，同学们都表现出了极大的真诚，肯定为主，也真实地对不足说出了自己的看法。杨宇韬等同学还特别鼓励了罗云鹏，最值得一提的是姜宇田，他在肯定同学们的表现后，还提出一条宝贵的意见，说如果以后能让同学们互动起来就好了，这样效果会更好。他的话赢得了同学们热烈的掌声。我解释说这是我的责任，也充分肯定了姜宇田同学的建议。

这是一节快乐的课堂，虽然不尽完美，但是也许比完美的课堂带给人的快乐更多，因为这是同学们自己的课堂，尤其是对三位“小教师”和用真诚心态表达真实想法的评点的同学而言。

都市语文纪事21：语文素养话题课：痛苦出诗人

如果综合班的同学没有上“走近杜甫”话题素养课的话，我可能不会有更多的比较，问题是两个班都上了这节课。

说句心里话，对于班级学习状况一头一尾的这两个班，虽然在教学改革上我同样寄予了很大的希望，但是在心里面我却始终无法摆脱一轻一重的想法，毕竟成绩排名上，这两个班一个排头一个排尾，差距大是铁的事实，而且在一个多月来的语文学习综合表现上，两个班的各方面差距确实是让人难以想像的。一个喜，一个忧，在这样的心理状态面前，自然每一节课，每一次实验，我都是对综合班期望得很高，而对网络班就担心得过多。

这种心理，也直接影响了我的课堂设计思路。比如在这一次的课堂设计中，两个班仅在技术与心理准备上就有不同。第一，课堂形式上，网络班定位为素养网课，以教师主导为主，而综合班因为一开始就定位为素养话题课，所以完全是同学们的自主课堂；第二，课堂内容上，网络班定位为通过网上搜集信息、处理信息，然后再交流共享信息，最后只要做到了对杜甫有基本了解就可以了，而综合班除了了解诗人外，还要对“痛苦出诗人”话题进行讨论，并进行展开——从杜甫入手寻找伟大诗人的共性，得出这样的结论；第三，具体操作上，网络班因为第一次网课的客观原因导致失败，所以这一次仍然考虑了不成功的因素，因此除了提前告诉同学们这节课要上网课外，其他什么也没说，而综合班就不一样，仅是活动主题、内容、形式就进行了两到三次修改，并且我还多次和新来的实习生小梅反复讨论了课堂设计，尤其是为了保证效果，我还特意把上课时间往后推迟了一天。

事实上，在“走近杜甫”这节素养课的授课形式和内容上，最终走上课堂的有三点不同：一，一个以课堂网络活动为基础，一个以口头表达为基础；二，一个只讨论杜甫“人、行、诗、情”，一个除此之处还要进行“痛苦出诗人”的讨论；三，一个是以教师主导课堂为主，一个完全是以学生主持课堂为主。看得出，从授课难度上讲，除了综合班多一个层次外，并没有比网络班难度大多少，而且综合班至少沾了课下搜集信息和提前充分准备这两大光。

但是两个班的课堂活动却取得了迥然不同的结果。网络班所有预计的效果几乎都达到了，甚至形成了“痛苦出诗人”的结论；综合班所有预计的效果几乎都打了折扣，“痛苦出诗人”的结论几乎没有沾上边；平时组织课堂难度大的网络班，整个课上各个环节都井然有序，大多数同学都投入课堂，课堂气氛也相当融洽，同学们都积极举手发言，话题不知不觉展开了，尤其是没有一个同学口头念搜集来的信息，综合班则相反，同学们从一开始就显得很拘束，百分之八十的同学都是照着打印纸念信息，气氛沉闷，没有人敢举手发言，话题也一直展不开。更大的不同是，在个人表现上，网络班的黄雁捷、郑浩、赵紫微等同学无论搜集、处理还是交流表达信息，都做得相当出色，不仅给课堂带来了活力和生机，而且让同学们和教师们都有所收获；综合班整节课上除了一两个同学有极为短暂的突出表现外，没有涌现能带动课堂活力的同学，所以在结论的探讨上就没有形成深度。

两节课的结果刚好和我课前的期望相反：一忧一喜。网络班的这节课带给了我一连几天的快乐心情，综合班的这节课却带给了我一连几天的不痛快。我在反思中感到具有讽刺意味的是：包括形式、内容、准备时间等在内的一些方面，恰恰都开了倒车。

几乎同样的授课内容，仅仅因为形式、对象、准备等不同，两个综合状态迥然差异的班级，一个事半功倍，一个事倍功半。当时听网络班这节课的还有小梅在内的几位教师，听综合班课的也有小梅在内的几位教师。课后，我和老师们对这两种结果也讨论了许久。找出来的原因却出奇地简单：第一，因为网络班的主要课堂活动是网络；第二，因为综合班同学太优秀；第三，因为我课前对两个班的期望迥然不同。

事实上，在这三条的背后，我还发现了一条更为重要的因素，那就是综合素养与别人存在差距的网络班，同学们在依靠网络做事甚至判断能力上，表现出了与其他班不一样的素质，至少他们的动手能力和动手的意识要比其他班级的同学要强。

都市语文纪事 22：“人”单元的单元教学目标

第二单元五篇课文是写人的单元，所以我把它称为“人”单元。从全册六个单元看，这个单元应该是教学中含金量最大的一个单元。鉴于一个月来我从教学中观察到的综合班同学学习情况，我打算从三个不同层面设置单元教学目标。

第一目标：通过单元学习，引导学生改变学习方式，学会发现问题，学会深度提问。第二目标：通过单元学习，引导学生改进情感态度，学会发现生活，学会底层关怀。第三目标：通过单元学习，引导学生提高习作技能，学会发现细微，学会精致描述。

这三个教学目标分别是从“学法”“情感”和“技能”三个层面设置的，学完这个单元，学生如果能从三个层面均获得不同程度进步的话，应该是一次不小的长进。而第一教学目标，我想将其作为单元教学的主线条，五篇课文的教学将以不同的方式，不同的要求和不同的程度对学生进行“问题”教学。

上周五放学前，对于五篇课文的主要教学方式，我又同实习生小梅进行了细致的研究和推敲，在保证主线条不变和主要教学目标不变的情况下，我和小梅还进行了小分工，第三和第四课的教学任务将由他来执行，具体教学方案由他自主设定，小梅满口答应。

为了明确单元学习意图，我觉得有必要跟同学们好好说明一下，因为毕竟同学们习惯了按部就班的学习方式，一下子改变这么大，他们心里至少得有点准备。所以周一第一节课我特意没安排主要教学任务，而是专门跟同学们提了这个单元的主要学习方式，并提出要求，希望同学们有心里准备。最后还特别安排同学们对《阿长与〈山海经〉》一课进行提前预读，而预读，也是同学们一直做得不够好的。

另外我特意给了三个同学搜集资料的小任务：伍维纹负责鲁迅的童年相关信息的搜集，谢方正负责负责搜集关于阿长的相关信息，潘南越龙负责调查《山海经》的有关情况，要求三位同学对搜集来的信息进行自我加工，课上进行简单介绍。

又将是充满挑战的一周了，挑战也是自找的，挑战就面对着压力，而压力也是自找的。

都市语文纪事23：《阿长与〈山海经〉》中的“长问经”

经过不断筛选，我一共拟出了十八个问题，之所以拟出这么多大大小小的问题，我给出的理由：一是学会多角度、多方面提问；二是学会有质量高质量提问；三是学会有层次有逻辑提问。但是我知道，这三个理由不可能一下子全部让学生领悟到，尤其是第三个理由，这节课可能只是一个感觉而已。

正式提问前，我带领同学们做了两样事，先由伍雅纹他们三位同学分别为同学们介绍搜集到的背景资料。三个人都完成得相当出色，伍雅纹带了一个好头，准备充分，陈述非常沉着。而潘南越龙则搜寻出《山海经》可能是中国最早的百科全书这一可贵的信息。接着我请一位同学对全文的内容进行了概括，也说得不错。看来同学们也有准备。

接下来我让全班同学合上书，按照既定的顺序，依次对全班同学提出十八个问题，分别请同学们回答。十八个问题如下：

1. 阿长是一个连名字都没有的人，为什么偏偏要写她？

2. 文章第二自然段花了较大篇幅介绍真阿长，有这个必要吗？

3. 题目是《阿长与〈山海经〉》，主要对象到底是阿长还是《山海经》？

4. 全文共36个段落，真正写到《山海经》的不过13个段落，为什么题目叫《阿长与〈山海经〉》？

5. 除了帮“我”弄到《山海经》之外，阿长似乎并没有为“我”做什么，

“我”为什么会对她念念不忘？

6.“但一坐下，我就记得绘图的《山海经》。”为什么这样说？

7. 当阿长真的把《山海经》递到“我”手上时，“我”似乎遇到一个霹雳，为什么会这样？

8. 文章从一开始到结束，多次提到隐鼠这件事，为什么？

9.“谋害隐鼠的怨恨，从此完全消失了。”为什么？

10. 全文似乎大部分内容都在写对阿长的不满，主要有哪些？

11. 阿长的睡态和她的屡教不改说明了什么？

12. 为什么要着重写“福橘”这件事？

13. 阿长与长毛这件事明明是一件丑事，为什么要写阿长的津津乐道？

14. 从结尾看作者是在怀念阿长，可是为什么要写那么多对她的不满？

15. 文章最后为什么又要提阿长是一个连姓名都没有的人？

16. 作者写到最后说木本的《山海经》终于丢掉了，是不是说明阿长在“我”心中可有可无？

17. 阿长到底是一个什么样的人？

18. 从课文最后一句联系到全文，作者对阿长想表达一种什么样的感情？

同学们对问题的回答还是基本到位的，这说明同学们的预习还是相当充分的。问题答完之后同学们接着又做了两件事：一是讨论了一下十八个问题中他们认为最有价值的和价值相对较小的问题；二是对十八个问题进行了一个简单的分类，看看教师是从哪些方面提出的。两件事都做得不错。

在此基础上我为同学们小结了语文学习提问的一些方法：一是能从多角度提出；二是能提出高质量的问题；三是能有层次地提问。原本还打算让同学们对这十八个问题排一下顺序的，后来还是打消了这个念头，也许对面前这些学生来讲，还是有些为难他们了。

这节课虽然节奏有些紧，比较辛苦一些，但是我还是体会到一种兴奋的感觉。也许同学们暂时还不能完全明白今天这节课的意义，但是至少他们已经在心里放上“提问”两个字了。当然，我最大的快感来自我认为这一单元的教学必将是教有所获的。

都市语文纪事 24：基础、素养与作文的角度

月考试卷下来了，综合班成绩不错，仍然是在全年级遥遥领先。但是细致分析后仍然暴露出三个明显的问题：一是基础和素养问题，二是阅读理解问题，三是写作质量问题。

基础和素养问题，学生的问题比较突出。如解释“不可名状”的“名”字，其实是一次学过的知识迁移，《口技》一文中多次出现这个“名”字，但是很多同学不会答或答错。又如给语境拟对联这道题，一是刚学过《陋室铭》，中间有不少骈句，同学们都知道；二是背过的古诗中也有不少对偶句；三是过年的对联都是对偶句。但是做错的同学也相当多，这说明同学们平时关注不够。再如给亲民党主席宋楚瑜访问大陆返台这件事拟新闻标题，其实课上重点讲到了新闻的标题，而且综合班的同学还用一节课口头陈述了自己采写的新闻，但是也有不少同学们连事件的主体都没有看清楚。这说明同学们学得不灵活，知识转换能力十分欠缺。

写作质量问题，学生的问题也比较突出。虽然这一次有七位同学拿到了满分作文，但是总体看，作文的质量不高，最突出的问题是角度选取创新不够，从而导致许多同学作文内容平庸，许多随笔和大作文写得相当好的同学这一次作文反而得分较低。

阅读问题是训练的问题，多讲了没用，评卷中我没有过多渲染。基础、素养和作文质量两个问题，一个涉及学习意识问题，一个关联学习技能问题，容易马上下手，是这次评卷的重点。基础和素养问题，需要老师进行语重心长的提醒，我紧抓卷面问题给同学们寻找了病根。对于作文质量问题，光说没用，

我特意以话题作文的拟题为楔入点，进行了“好角度一半文”的引导。我把上一届同学们写“家”这个话题作为例子，对同学们进行了实例引导。而且把第一届同学在第一次选取角度失败以后，第二次重新选取的角度进行了展示：

《我的家》《家，幸福的乐土》《“半”家》《“新”家》《家，我的王国》《家的断想》《家乡谣》《家，暖心的地方》《放“心”的家》《为了家》《替心找个家》《家是我生命中不走的春天》《家，一碗姜糖水》《有家真好》《想家·回家》《三双眼睛》《柜橱里的家》《三寸之家》（这位同学写的是照片）《我真想有个完整的家》《家，一个易碎的瓶》《家·牵挂》《精神的紫竹园》《家，一个酸甜苦涩的罐》《离家的日子》《老家》《搬家》《美满幸福更是家》《家，生命的延伸》《家是一首歌》……

同学们显得很兴奋，大概没想到同样的班级同样的话题，仅仅是一次失败后的重拟，竟然会发生如此大的差异。我想这个例子能起到潜移默化的好效果。在此基础上我还跟同学们总结了话题作文拟题的三重境界：一重境界是直接借用话题；二重境界是题中带有话题字眼；三重境界是虽然不带话题字眼，但题中有深刻的话题意境。如“家”的话题中的“三双眼睛”这个题目，都是让人眼睛一亮的拟题。题目其实是角度的一个外相，我相信评卷中对这个问题的引导能取得一个抓住要害的效果。

作为一名普通教师，我和许多人一样，暂时没办法改变类似月考这样的一些顽固的应试教育的痼疾，但是我想，这也许是可以变废为宝加以利用的，在改革与应试之前寻找一个契合点，也许是可以试试的——何况我想不可能找不到，因为我觉得应试教育不是一定和素养教育完全处在两个完全相反的方向上。

都市语文纪事 25：诺贝尔奖中国情结的话题课

诺贝尔奖话题课任务在上周就交给张粤同学去准备了。念头起于最近的诺贝尔评奖活动和诺贝尔文学奖的久评不下。而网上又掀起了新一轮诺贝尔奖中国情结的大讨论。加上同学们在话题课上的话匣子打开得不够，所以我打算借这个话题好好让同学们打开一下思路。

最初的话题是给了大致三个内容：一是是什么原因让中国人迟迟走不进诺贝尔奖的大门；二是中国人有没有能力获得诺贝尔奖中最重要的奖项之一——诺贝尔文学奖；三是作为一个优秀班级的学生和新一代的中国人，我们面对诺贝尔奖情结该想些什么。为了不让主持人心理上有过重的负担，我对他说，内容可以放在第二位，第一位是让同学们多开口。

周五上午的第四节课，我和实习生小梅提前赶到教室，指挥同学们把座位摆放成“回”字形，这样便于同学们面对面进行话题交流。班主任周老师也走进了教室，悄悄在后面找了个座位坐下来。因为有些担心同学们的话题打不开，我在开场白上说了两层意思：一是希望同学们放掉拘束，敢于袒露自己的想法；二是说了这次讨论的原因——诺贝尔奖是一种优秀的标志，大的方面讲是一个民族优秀的标志，小的方面讲是人才优秀的标志。为什么我们在这样小的年龄却要面对一个这样庞大的话题，就是因为我们也优秀，我们就是民族明天的人才，而优秀也是一种责任。所以我们不仅要从诺贝尔奖情结中看他人，更要看我们自己。

接下来全部由张粤同学主持。郑伟杰首先给同学们介绍了有关诺贝尔奖的情况。让人始料不及的是，接下来对于“中国人为什么走不进诺贝尔奖的大门”这个话题的讨论几分钟后教室里就沸腾了起来。以下是摘要记下的当时同学们对于这个问题的思考。

赵　怡：我认为中国人之所以迟迟不能获得诺贝尔奖，是因为我们的人才还不够多，不够好。

巫　璨：中国人也意识到了人才的重要性，国内也设了一些奖来鼓励人才创新，如邵逸夫奖，但是也许是我们起步太迟了，远水解不了近渴，所以总也赶不上别人。

武　月：我认为有两个原因，一是传统的中国教育导致，中国传统的教育有许多主张是落后、保守的，不利于培养新人；二是技术条件不够，许多中国人到了外国或者加入了外国国籍以后就能获得诺贝尔奖，如杨振宁等，但是在国内就是不行。

杨明妍：我认为中国现在的教育出了问题，如中国人在奥林匹克竞赛中频频领先，可是高尖端的实验和科研，就远远落在别人后面了。还有一个就是氛围和环境问题，相比之下，发达国家的人才氛围和环境就要优越得多，便于出人才，出好人才。

郭逸馨：听了同学们的发言，我想举两个例子供同学们思考。一个是关于实验室的，有人说，现代最伟大的实验室里只有一样东西是属于中国人的：茶杯。另一个是一项调查，有人对一千三百名中国家长和同样数量的日本家长进行了调查，调查的问题是“你认为什么样的孩子才是好孩子?”结果中国家长的答案几乎只有一个“听话”，而日本家长却把“听话”当成“坏孩子”的特征。中国一直自称自己有几千年的传统教育，可是教育了什么？长期以来中国教育关注的不是你创造了什么，而只是你究竟学会了什么。可以想象，这样的教育观念下培养出来的究竟会是什么样的人。这就是我们虽比别人聪明，却总是比别人落后的原因所在，这是值得我们深思的。

周　琪：我认为也同中国人容易满足现状的生活方式与精神状态有关。现代中国人，整天沉缅于知足常乐，沉迷于阿Q式的精神胜利法，长期以来，自己消磨了自己的意志，当然谈不上创新和创造了。

吴迪思：国家的政策对于人才培养和创新也十分重要。西方发达国家一直重视和鼓励创新，国力强，投入也很大，所以尖端优秀人才和创新成果就源源不断，而我们国家，因为国力不足，政策也不够开放，所以在这方面做得还远远不够。

熊立宇：我也同意这样的说法，美国等西方国家在这方面要比中国好，所以效果也好。

杨明妍：前面有同学提到家长的观念，我认为这个问题也不容忽视。中国的家长从小就在给孩子灌输分数和升学的观念，这等于从小就给孩子的成长捆上了一道又一道的绳索。这样被一道道绳索捆绑起来的孩子，长大后进入社会，怎么可能去放开手脚进行创新呢？

石奉奇：我同意以上好几位同学的看法，中国教育确实过多注重了孩子的顺从性培养，对于创新人才的形成来说，这样的教育模式肯定是不行的。儒家思想也害了我们。

付嘉文：听了同学们的发言，我想为自己的国家说两句话。中国人之所以迟迟不能走进诺贝尔奖的大门，我以为也有不少客观原因。虽然新中国成立已经几十年了，但是真正稳定的时间并不长。还进行了抗美援朝战争，接下来一直不平静，现在好不容易改革开放了，大家都在搞经济，想挣钱，所以不能一口吃个大胖子。另外还有一个不容忽视的原因，拿诺贝尔文学奖来说，一直以英语、法语和西班牙等语种为主，汉语到现在仍没有纳入诺贝尔奖评奖范畴，所以评委们对汉语作品和作家的理解也不够，这也是客观原因。

武　月：中国人至今没有拿到诺贝尔文学奖，并不是中国作家和中国没有伟大的作品，比如我听说老舍先生就曾被评上过，只是由于诺贝尔文学奖不能颁发给去世的人，而那年恰恰老舍先生投湖自尽了。在这里我还想把中国教育和外国教育作一个比较，有人说中国人对孩子从小进行的是羊的教育，而外国人对孩子从小进行的是狼的教育。我想起一句著名的话：他们不是因为你跟他们不同而不接受你，而是因为你跟他们相同而不接受你。

赵　怡：我认为中国自己已经开始意识到了这个问题，正在想办法改进。比如现在进行的素质教育，只是中国目前推行的素质教育还没有达到一定程度，何况还有考试的限制。

姜宇田：听了这么多同学们的发言，我想从中国人的素质和环境问题来谈谈我的想法。大家都知道中国人不比外国人智商差，有资料表明中国人是世界上智商较高的民族之一，但是智商高并不等于就能出人才，就能创新，人才和创新应该是一个综合素质问题。另外就是环境，在中国，你老老实实做人和工作还可以，倘若你想搞研究，想创新，想出类拔萃，你就死定了，你会受到众人嘲笑，你会被说成是癞蛤蟆想吃天鹅肉。中国有一句话，叫：木秀于林风必摧之。所以谁想成为人才谁完蛋。在这样的环境下，再聪明的人也发展不了自己的才能。

伍雅纹：我认为中国人过去没有获得诺贝尔奖不等于中国人没有创造力，中国人今后不能获得诺贝尔奖也不等于说中国人就比别人差。我相信中国人的创造力总有一天会让外人刮目相看。

付嘉文：我认为中国学生手里拿的教材有问题，像数学、科学等教材简直太落伍了。

张凯蕾：我想谈谈我的想法，我也认为中国的家长对孩子的教育有问题。假如一个外国孩子在家里搞了什么发明创造，或者提出想当总统之类的想法，他们的家长一定会对孩子竖大拇指。但是要是中国的家长面对孩子的这些举措和想法，只会斥责自己的孩子是疯子。所以中国的孩子只会长大为一个成人，不能成长为一个人才。

郑伟杰：打一个比方，如果一个中国科学家做出了成就，你问老百姓知道不知道，他们肯定莫名其妙，而在许多发达国家就不同，科学同百姓的生活密切相关，他们认为这就是自己的事，所以一个科学家一旦做出了成就，会有很多人知道。我认为老百姓的科学意识也是一个原因，假如我们的国家、老百姓都关注科学，跟许多外国人一样，我想，情况也许会好许多，也许我们中国人会早一天走进诺贝尔奖的大门。

吴　迪：我认为也许这同中西方人的性格不同有关。中国人喜欢豪言壮语，行动时却总是瞻前顾后，西方人更乐意马上把愿望付之于行动，失败了再来，所以机会就多。

郭逸馨：我同意同学们的看法，诺贝尔奖是一个标志。达到这个标志也需要许多条件同时具备，如综合国力、社会环境、国家政策、百姓素养、教育方针等等，我认为还有一个被大家忽略了的原因，就是社会文化的发展。一个国家，一个社会，一个民族，怎样看你社会的进步与先进？关键看你文化是不是真的发达了，先进了。就好比十七世纪欧洲有了文艺复兴一样，正因为有了文艺复兴，整个社会的文化就发展了，前进了，所以社会就变样了，各方面都会发生翻天覆地的变化。到这样的时候，人才、创新，等等许多好愿望都会不期而至。我们的国家现在正处在一个非常关键的时期，但是大家看到我们的因家正在飞速发展。在发展中如果我们关注了文化的进步，那么，中国人走进诺贝尔奖的大门，就是一件近在咫尺的事了。我想同学们都在盼望着这一天早日到来。

虽然这次话题课并没有严格按照既定的三个范畴展开，但是在话题课结束时我仍然拥抱了主持人张粤，充分肯定了他的主持，可惜的是，由于我的马虎，许多精彩的主持人导语我没有记下来。而对于同学们的精彩发言，我非常欣慰，因为我想：同学们终于痛快开口了。

都市语文纪事 26：感慨与惊诧：圆明园凭吊的语言与思想火花

由于时间关系，开学到现在只写了一篇课堂作文：圆明园凭吊。接连几周来，我在评改时常沉浸于同学们的文章中，老实说，我时常感慨眼前这帮稚气未脱的孩子们的思考力和语言表达能力——尽管太多的稚气显现于他们的文字之中。

以下是这次《圆明园凭吊》课堂作文中的精彩思想和文字火花，全班五十二个人，奉奇同学因为当时写完一篇后觉得不过瘾，要求再写一篇，可能由于时间关系，一直未完成，所以不在此列，我从中挑选出三十一位同学的部分内容，花了整整一个周六时间进行整理打印，现摘录如下：

我很喜欢玩游戏，所以也就喜欢上了游戏的音乐，其中有一首《大火的英灵》最震撼人心，播放的场景是在一艘被水怪洗劫一空的船上，船上无一人幸存。村里人把迟迟归来的勇士们送到甲板上，用最古老的方法送他们上路，那就是火。在看到这个场景时，我不由得想起了燃烧中的圆明园，同样震撼人心。

……圆明园在火中燃烧，圆明园在火中闪烁，圆明园在火中升华。圆明园，一个在火中前进的英雄。这就是我眼中的圆明园。

——杨宇韬：《火的联想》

在北京的城郊，有一大片废墟，说它是废墟，又有些不符，因为那儿还有一些残留下来的阶梯、石柱，就像是主体被毁灭后残留下来的孤独的影子，在向人们诉说着它们被毁灭的那一天，一百三十年前的那一天的辛酸往事。

它们，曾经是东方这个古老而又伟大的民族——中国荣耀的一部分，自豪地屹立在这个可以和“空中花园”媲美的“万园之园”——圆明园中。那里，有大堆的罕世珍品，金银财宝，有美丽的喷水池，有成片的树木，还有成群的珍贵鸟兽。即使用天堂去形容它，也毫不过分。中国以它为荣，东方以它为傲，世界文明因为有了它而更精彩。

然而，这一切，都在一百三十年前的那一天改变。那一天，看似平静，可已经有一群满怀贪念、野心的豺狼向中国这个文明古国冲过来了，而目标，直指圆明园。世界文明史上这颗璀璨的明珠，就因为源于这群豺狼之手的一把火被毁灭，不，是灰飞烟灭了，留下的，只有东倒西歪的圆柱。

作为这个受害民族的后人，我为这座凝聚着中国人民智慧和文明精华的，我们曾引以为傲的花园的毁灭而悲伤、痛心。但同时，我们也不可避免地看到，导致这场灾难的根本原因就是当时政府的无能……

——郑伟杰：《圆明园》

炽热的火焰在圆明园中熊熊燃烧，它烧掉了世界上的一座奇迹，烧掉了人类的一个伟大的结晶，也让圆明园永远变成了一个梦。

圆明园是消失了，可是它的灵魂依然在我们心中，这富丽堂皇的外表，丰富的艺术内涵……这些都将永久地镌刻在我们的心中，是我们永远都不能忘却的。

——黄菁欣子：《一百三十年前的那把火》

我是一棵树，一棵生长在圆明园外的树。多少年来，我都一直生长在这里。每天，我都会默默注视着这万园之园的的废墟。每当我回忆起一百三十年前的那场大火，就会觉得有一把利剑刺穿我的心肺。

那一天，英法联军浩浩荡荡地开进了圆明园。贪，是人的本性。面对眼前这无与伦比、富丽堂皇殿，他们原形毕露了。顷刻间他们的良知化为乌有。他们失去了控制，开始了人类历史上最无耻、最肮脏的疯狂掠夺。

——丁小珂：《火烧圆明园之耻》

圆明园里，该走的都走了。

能走的，都走了。

只剩些卑微的看园人和那两只红色的金鱼，游弋在方寸之间。

谁能明白那可怕的一瞬。圆明园精致的大门轰然倒塌。他们像魔鬼一般扑进了大殿和寝宫。他们不是人，他们的眼睛和头发的颜色与我们都不一样，花花绿绿像年画上的小鬼。那些平日里留着黑色长辫子的守园人此刻都不见了，一起不见的还有他们的凶神恶煞。

他们都倒在了铺满瓷片的地上，我看着那个在厨房做菜的老王，他被天花板上掉下来的水晶灯砸中了，那是整个园子里最昂贵的灯，却被强盗的火枪一下就结束了被瞻仰的岁月。散落一地的碎片仿佛淌着眼泪，和老王的血一起覆盖了他的双眼。

——白雪菲：《方寸之间》

苍天，大地，神灵与万物，请见证一场罕见的悲剧，发生在公元1860年10月的圆明园。

时间虽然已经过去了100多年，圆明园也渐渐地成了历史，当年那些强盗在这里制造的罪恶场面，也早被时间的流水冲刷得快没了痕迹。但是我们却并没有忘记，因为，我们无法忘记。

无论如何，我们都要记住：公元1860年10月18日这一天，那是圆明园的祭日。

——李维佳：《祭日里的祭奠》

如今的圆明园在人们心中，只是一个美好的幻想，一个美丽的梦而已。虽然大家没有目睹过它，却可以凭借想象尽情假想它的伟大的艺术气质，假想它无与伦比的高雅，假想它的丰富与繁华。这是我们心中的圣园。

中国人是不会忘记那场大火的。“人是健忘的，不会记仇。但是，不能忘记。”是的，我们不记仇，但是我们决不忘记，不会忘记一百三十年前的那场大火。

——夏昕：《一百三十年前的那场火》

圆明园是梦。梦总是美好的，梦也是由我们的想象力而产生。圆明园就是由我们民族所有人的想象力融合在一起而产生的一个最美好的梦。一花、一草、一园、一庭、一景、一物，都是这个美丽的梦的精美片段。

圆明园是梦。这个梦太美好了，所以才会招来贪婪的人的垂涎，有人太想独吞这个梦，而梦有了开始，便也会有它结束的一刻。强盗的一把火，让这个梦彻底结束了，只剩下一些被烧焦的遗迹。

圆明园是梦。梦结束了，而我们也该醒了，一个睡得过久的民族也该醒了。我们该想一想这么美好的梦为什么没有长存。

圆明园是梦。梦的破灭会使我们心痛。可是我们却不仅仅只有这一个梦，许多多美梦等着我们去保护，等着我们去创造。我想，只要我们能铭记伤痛，坚守自强不息的信念，我们的梦就会长存，我们新的梦就会更多地诞生。

——李智琦：《圆明园是梦》

雨果说，它是一个奇迹。是的，它是矗立在幻想上的奇迹。它是万园之园，是临架于众园之上的不朽的园主。

我们怀念的，正是我们所失去的。我能够想象，麻雀在郁郁葱葱的树林里穿梭，自由自在的金鱼在池塘里游玩，也有那天鹅，那朱鹭，那孔雀，自由翔游于蓝天下，瓦砾边。它是雄伟的，宫殿，水池，后花园……它处处显示着一百多年前中国的皇权与尊严。月是温柔的，月光下婆娑的树影，夏夜里芬芳的花香，晨曦里草尖的露珠。一切，仍在沉睡，那样香，那样甜。

我们痛恨的是焚掠我们的无耻禽兽。可耻的历史，无耻的盗行，那是我们心中永久的伤痛。而那把烧毁圣园的大火，也从此烧起了一个民族的斗志。

——梁艺瀚：《一百三十年前的那把火》

有人憎恨这把火，因为它烧掉了一个恍若月宫的梦，一个用珠宝、玉石、青铜、绸缎、神像和异兽堆砌而成的梦境。

然而，这把火却烧醒了一头沉睡的雄狮，烧醒了一个曾闭关自守的国度，烧醒了一个正被新的文明抛下的民族。就是这把火，让所有中国人都明白这一场火的教训——落后就要挨打。

是的，中国是一个曾经创造过辉煌文明的古老国家，可正是由于它的封建和闭关自守，如今，它仅仅只是一位满面沧桑、步履蹒跚的老人了。

在此，做为一个中国人，我想对今天和今后的所有中国人说："感谢一百年前的那把火吧，多亏了这把火，如果没有它，又怎么有中华民族奋发图强的大火炉呢?"

——巫璨：《一百三十年前的那把火》

一把火，一柄剑，曾经的东方建筑的晨曦，被彻底毁灭了，伟大的结晶变成了残垣断壁。如今那里依然残留着的支离破碎的遗痕，诉说着一个民族史上永远带着血痂的痛。

曾经的圆明园，只空有万园之园的头衔。我无法走进，更无法体会那种望着熊熊大火烧去一切时的悲惨的心情。

虽然，破碎的晨曦不能复原，但毕竟，中华民族饱含耻辱的冬天已经过去，凭吊那个寒冬带给我们民族悲痛的同时，我们更应该做的，是展望新的明天。

那个明天应该是灿烂、辉煌的。因为文化并非残垣断壁，并非只属于生锈的铁片和笨重的铜钟。真正的文化属于创造和持续不懈的努力。我们可以铭记那些惨痛的记忆，我们可以抚摸那些耻辱的伤痕，但是不能因此放弃追求一个民族未来崭新的晨曦。

我想，这才是对圆明园，对民族史上的耻辱，对中华民族的创伤最好的凭吊。

——何天扬：《曾经破碎的晨曦》

我们曾一直以为，我们中国是一条东方不败的龙，我们以空中俯瞰的姿态傲视世界上其他的民族和国家，洋洋自得。

这也许不是一件好事，但绝对不是一件坏事。沉睡的民族终于在大火中醒来，我们从天空中掉落下来。有了神智，我们已经不再是那条巨龙。

那些被抢走的财富，我们可以忽略不记；那些被劫掠的艺术珍品，我们可以当做没有发生；但是我们不能忘记那场大火给我们带来的启示：没有永久的世界霸主，只有不懈努力与追求的民族！

不要忘记使民族灼痛的那一刻，不要忘记那熊熊燃烧的火焰。把牢记变成信念，让痛苦变成动力，让我们用行动在未来的民族之林重建一座新的圆明园。

——杨明妍：《火烧圆明园，沉睡的民族在大火中醒来》

研究圆明园的美，是一件很困难的事。首先，你得是个诗人，才能细致地了解它的风情万种，然后，你还得是个设计师，才能领悟它错落有致的内涵，之后，你又得是一位雕刻家，才能够惊叹于它一点一滴的精美之处，除此之外，你还得是一位古玩家，一位艺术家，一位绘画家……我们可以大胆地说，像这种集各种大成与学问为一身的人，目前还没有出世。

——潘聪：《万园之园，民族史上永远的痛》

奇迹！艺术！幻想！辉煌！
艺术的幻想，伟大的想象，
一个不可忽视的世界奇迹：
圆明园。

圆明园是一个美丽的梦想，
圆明园是独一无二的作品，
圆明园是一个伟大的典范，
圆明园是中国人民的力量！

啊！圆明园，您是一首诗，
句句都充满了艺术的气息。
啊！圆明园，您是一幅画，
每一种色彩都是由梦做成。

——杨楷：《啊！圆明园》

“这里本是个很漂亮的地方，只可惜已经没有任何完整的地方了。”我父亲说。

“我知道，火烧圆明园嘛！不过中国那时也太软弱了。”我嘴上虽这么说，但是心里还是很难受的，不过这是事实，是谁也改变不了的历史。

我看看那些搂搂抱抱，说说笑笑在废墟上拍照的同胞们，一声不吭，跟着我的父亲离开了。那一次，我没有拍照留念，直到现在，我还时常呆呆地想着那几根孤零零的柱子，想着那上面刻着民族耻辱的柱子。

——王伟竹：《万园之园，民族史上永远的痛》

作为中国人，我们应该记住这民族史上永远的痛，它是我们所有中国人的耻辱，是国家美丽的脸上一个抹不去的污点。

——张雅淇：《凭吊圆明园》

圆明园是我们心底的痛，但同时也是一盏醒目的警示灯，它无时无刻不在提醒着我们。

——陈俊澎：《凭吊圆明园》

蘑菇越是美丽和好吃，被采摘和烹饪的机会就越大。圆明园在侵略者的眼里，就是一只无与伦比的大蘑菇，可是难道这一切都是蘑菇的错吗？

我悲伤，一座属于全人类的园林被毁了；我愤怒，当时的国家和政府为什么没能阻止这件事；我遗憾，如今这里竟然没有留下一件完整的艺术品；我庆幸：还有几根大立柱做了历史的见证；我欣喜，和平终究还是成了世界的主流。

——凌宇飞：《历史的天空下》

你曾经是万园之园，你曾经是东方文明最辉煌的结晶，你曾经是全世界人民最华丽的梦境，你曾经以最祥和的姿态伏在流光溢彩的晨曦中，你曾经以最柔和宁静的姿态熟睡在清凉皎洁的月色下。

你是所有人心驰神往的天堂，在这里，生命被镀金，命运被镀银，所有的忧伤和绝望都被华丽和繁华掩盖。

在今天圆明园遗址上，是否还能看见曾经壮观的残像，是否还能闻到昔日大火留下的气息，是否还能听到多少人对圆明园的消逝所发出的痛心疾首的呼喊，以及多少人对英法联军的可耻行径掷地有声的谴责？

当所有的凭吊和回忆都已告终，我们是时候开始清醒了，反思，梦想和重新行动。

——郭逸馨：《祭奠一段毁灭的历史》

它是一个用梦搭建的奇迹。

要说它的样子，没有人能用贴切的词语和优美的句子形容。

就像让你形容你的梦。

它是用黄金建造的梦，它是用大理石建造的梦，它是用琉璃建造的梦，它是用青铜建造的梦……总之，它是用你认为一切珍贵而华丽的物品建造的梦。

梦终归是梦，梦的开始是完美的，而梦最终还是残酷地破灭。

支离破碎的器皿，黄金水缸上的道道刮痕，巴洛克式的石柱上被烈火烧黑的痕迹，成了这个梦离奇的结局。

——张雯杰：《痛，也是永远的耻辱》

在我眼前是几根东倒西歪的石柱，它们甚至比照片上还要显得残破不堪。杂草在悄悄滋生，在一片凄风苦雨中，让人想到的似乎只有悲凉。

漫步在偌大的圆明园里，眼里只是无尽的碎石、杂草，说不定地底下还深埋着变成焦炭的木头。一百三十年了，人们总还会想起那场大火，它还是深深烧在人们的心里。而眼前的圆明园的遗迹，对于有良知的人们来说，它使人们对那段历史的记忆越发感到刻骨铭心。

二千多年前，项羽的一把火，烧毁了富丽堂皇、天宫一般的阿房宫，那把火燃起的是一个霸王甚至可以说是一个民族的正气。二千多年后的一天，又是一把火烧毁了梦幻般的圆明园，要知道，它甚至比阿房宫更加美轮美奂，因为它在人们心中更接近一个美妙的梦。

今天，反思这段伤痛时，我感到自己仿佛就置身于圆明园的断壁残垣中，我用我的方式，在心底默默献上一首葬歌，以一个少年的名义，祭奠一段一去不复返的历史。

——赵雪莹：《凭吊圆明园》

这是一个开始。

这是一个伟大的国家走向衰败的标志。

这是一个耻辱的印记。

对于圆明园的经历，我们也许只能叹息，我们叹息的同时，季节依旧在变换，岁月依然在改写，花开花又落，而我们相信，民族自强的春天我们正在经历。

——成紫晗：《花开花又落》

这幅丑陋的画面到底出自谁的手，是谁忍心将世间如此丑恶的一面展现在具有五千年东方文明史的中华大地上，展现在这个多灾多难的民族面前？是英法联军。

——伍雅纹：《凭吊圆明园》

有一段历史，虽然很久了，却永远无法被岁月尘封。回忆的手一次次翻开它，而它一次次让一个民族泪眼朦胧。

这是由无数的梦装填的，但是它并不如诗，因为诗的灵感来源于它；它并不如画，因为画为它而画。猜到了吧，这就是圆明园。

这是国耻吧，就因为懦弱，就因为无能，就因为那时我们身上被烙着病夫的标记。如果说中国确实是一条沉睡的卧龙，以此作为被他人叫醒的代价，是不是有点太大？

我不能说什么，只有一点小小的、真实的希望：不要忘记了圆明园。如果真忘了，也许真的是什么也不会有了吧？

——赵怡：《醒来的代价》

冤冤相报何时了。圆明园本来就是属于全人类的。焚烧，是对全人类的不敬，是对全人类艺术的亵渎。所以，我唯一的感想是痛惜，而不是仇恨。

——吴迪：《凭吊圆明园》

让梦幻般的圆明园永远烙印在我们的心中。

——李玏：《永远的圆明园》

我在很久很久以前，就曾听说过在北京有一座美丽的建筑群，它的名字叫作圆明园。从未去过，但我一直渴望去目睹它。我曾无数次在梦中构造它的形象，想象着它的美是如何的无与伦比。

——张凯蕾：《圆明园哀思》

露水沿着梧桐树上的纹路划过树干，曾经的一切已经属于曾经。

只是，他们还不想让它仅仅成为曾经，一把熊熊大火过后，只留下它的残骸。

人去楼空，熄灭的火，历史的那一天将它烧成一片废墟。

从前的梧桐树早已不复存在。

——武月：《痛祭》

作为一名一百三十年后的中国中学生，我的心中充满了愤慨：那个时候的中国为什么任人宰割？那时的政府为什么如此软弱无能？那时的百姓心中的中华气概为什么荡然无存？也许，我的质问和追求已经对那段历史并无意义，但是我知道，没有追问，就是无耻的忘记，而忘记，就有可能再遭受同样的国耻。

——罗云鹏：《一百三十年前的那把火》

1860 年 10 月的一个早上，圆明园沐浴在和煦的阳光下，昔日游玩于园中的皇帝早已不知去向，留下这座美丽而平静的大花园，没有了人的花园显得分外安宁，喷泉中的水缓缓涌出，方池的水面在微微浮动，檐角的风铃脆脆地响，偶尔几只天鹅在水面轻轻划过，又隐入草丛中。没有了赏玩的皇帝、太后，圆明园似乎更美丽了。

将军把胳膊抡得圆圆的，一使力，火把在空中划过一道优美的弧线，像为圆明园画上一个圆圆的句号。“砰！”火把撞上了栏杆，蹦出几颗火星。建造楼房的优良木材立刻着了起来，火熊熊地爬满整个宫殿，发出“劈啪啪”的声响。

一座城，一群贼，一把火，一堆废墟。

——刘治成：《一把火》

老实说，整理完时我感到非常累，但是又有一种兴奋感久久萦绕在我的心头。我想这次灵机一动以“圆明园凭吊”为话题让同学们在课堂作文的行动是对的。事实说明，这一次课堂作文意义非同寻常，我想用十个字来评价：思想的洗礼，文字的超越。

都市语文纪事27：新的口语训练与阅读长线计划

周二的语文课上，黄菁欣子同学上台为同学们口头介绍了高尔基的传记体回忆录《童年》。由于作了充分准备，她介绍得相当出色，不光是语言表达十分流畅、自然，思路也十分清晰，内容也详略得当。最可喜的是她在整个介绍过程中都脱稿，并且带着许多自己的理解和想法。她的介绍赢得了同学们热烈的掌声。我表扬她为同学们开了个好头。

从本周开始，语文课上将增添一项新的固定内容：每节课的课前五分钟，由一位同学来给同学们介绍一本书。第一阶段要求每位同学把自己最近读过的好的传记体书籍拿来与同学们分享。按照本学期所剩。上课时间来看，全班每位同学都可以至少介绍一次。我跟同学们强调这件事的意义有三个方面：一是锻炼口头表达能力——六班同学目前这方面表现出来的情况不尽如人意；二是开展阅读共享——通过成数十倍的量来增添同学们的阅读量；三是进行励志引导——传记本身就是理想与成才教育的最好的教科书。

这个活动其实也是一个口语与阅读的长线计划活动，我打算一直做到同学们中学毕业。内容上可以从传记到艺术，再进一步扩展到其他方面。虽然只有五分钟时间，但是算下来每个同学都可以得到好几次锻炼，仅从量上讲，每个同学就可以从中获得对几百本书籍的感知。由于训练具有序列性和针对性，相信这项活动开展以后，同学们不只是知识能力等方面会获得大进步，阅读习惯和阅读爱好也会逐渐由被动走向主动和自觉。

做这件事的起因，是从这几年的城市教学体会中，我感觉到绝大部分同学由于各方面的因素，都有重课本轻课外，重分数轻阅读，重卷面能力轻其他能力的突出问题，而综合班中，这些问题表现得更为突出。比如这次月考中关于战争名言填写的这道题，百分之八九十的同学竟然除了填《木兰诗》中的一些句子外，几乎再写不出别的，而考试成绩比综合班差得远的网络班同学，竟然有百分之五六十的同学答题范围要宽得多，有的同学连毛主席的游击战争理论都答进去了。从小到大的分数观念极大地压抑了同学们在其他方面的知识与能力的获取，也暴露了同学们学习方式的单一性。所以，我想拓展阅读面对同学们来说已是迫在眉睫。

科代表杨明妍同学起初担心同学们会不乐意接受任务，我对她说，不要紧，综合班的同学都是明事理的同学，只要道理讲透，同学们一定会接受的。所以在周一的课上，我在上完课后，除了讲这件事的意义外，还特别讲到了责任心与享受的问题。我对同学们说，你付出的是一，可是你收回的却是五十一，这是一个最简单的算数。从同学们今天对黄菁欣子同学的掌声看，这件事持续不懈地做下去是一点问题都没有的。

都市语文纪事 28：《背影》的同心圆式设问教学

按照既定的单元整体教学构思，《背影》的教学上我仍然打算贯彻“学会提问”这一主线。为了保持提问的效果，我让同学们合上书本，听了朗诵录音。然后鼓励每一位同学从自己的理解角度，提一个自己认为有质量的问题，结果十多位同学的提问都显得很有质量，范围几乎涉及了课文理解的方方面面。

《背影》的第二节课有几位老师临时来听课。这节课我的主要教学方案定为由老师提出一个关键性的问题，然后围绕这个关键性的问题，顺藤摸瓜，前后贯穿，从而完成整篇课文的学习理解。上课后我在充分肯定了同学们的提问后，提出了这么一个关键性的问题：为什么这篇课文以“背影”为题，或者说为什么作者在写自己的父亲时偏偏以背影作为着眼点？我说，这节课我们就以对这个问题的思考，来理解这篇文章。

接下来我针对这个问题要求同学们首先思考三个相关的小问题：一是这个背影是什么特殊背景下的背影？二是这个背影是什么特别事件下的背影？三是这个背影是什么特定场景下的背影？经过一番理解后，同学们做出了这样的思考结论：这个背影是在奔丧这个特殊背景下的背影，这个背影是在送别这个特别事件下的背影，这个背影是在买桔子这个特定场景下的背影。这个分析我感到让同学们眼前一亮。我提示说，同学们找出的这个结论其实是一个数学上的同心圆。由外往里，依次是：特殊背景——奔丧，特别事件——送别，特定场景——买桔子。这个同心圆的圆心就是两个字：背影。所以，只要理解了这三个“特”字下的背影与“我”之间的关系，我们提出的问题就迎刃而解了。

接下来，我和同学们就顺藤摸瓜，由内向外，从课文中寻找这三个“特”

字以及父亲的背影与“我”之间的关系。从分析中我们得出了这样的结果：特定场景“买桔”时，父亲的背影是整个事件的导火索，直接让“我”感动，由此让“我”联想到特别事件“送别”整个事件中，父亲为“我”所做的一切和“我”的态度，让“我”在面对父亲的背影时，心中极度愧疚，在感动与愧疚交织的情况下，“我”更多地想到了父亲此时此刻的处境，想到他的艰难状态，从而理解到父亲爱的厚重与深沉。在这样的前提下，所以“我”才对父亲留给“我”的背影记忆犹新，难以忘怀。这就是对“为什么这篇课文以背景为题，或者说为什么作者在写自己的父亲时偏偏以背影作为着眼点”这一问题的答案。

因为线条十分明晰，虽然有听课老师在教室听课同学们略有紧张，但是同学们对整个文章的理解仍然十分顺利。全部理解完成后，我用我的方式给同学们朗诵了最后一段。听课的有史社老师小王，她是一位很有思想的研究生，听完课后，她兴奋地对我说，她经常面对一大堆问题总感到无所适从，今天她深感在课堂上寻找一个好的楔入点是十分重要的。这样讲课逻辑性强，教得轻松，学得放松，轻重也十分明确。

我跟小王交流说，其实老师的引导是相当关健的，引导的艺术性往往直接关系到主体参与学习的质量。没有高质量的引导，希望主体活动的发挥只能是一句空话。

都市语文纪事29：圆明园凭吊习作展评交流课

因为这次习作展评与交流已做了整整一个周六的准备，所以对于这一次评讲课我十分重视，提前好几天也几次对同学们提到圆明园凭吊这篇习作的讲评在什么时候做，看得出同学们都满怀期待。这也正是我所希望达到的目的之一。也许对一篇习作评讲本身来说，这只是完成一次训练任务，但是我不只这样想，我想，训练是一回事，而利用一次训练达到更多的目的更重要，这也不只是对学生劳动的尊重程度的问题。

因为部分老师喜欢听我的作文课，所以临时我也邀请了十多位同事来听课。为了评讲的实效性，我对评讲与交流的主题进行了明确：思想与语言的结合。我写下十个大字：思想的洗礼，文字的超越。时间上我决定一半展评一半自由交流。

展评上我分了四个层次，均由部分同学朗诵作品中的成功处。总体完成较好的同学代表是郑伟杰和赵雪莹，郑伟杰全文朗诵了自己的文章。思想与语言结合得较好的同学代表是何天扬与郭逸馨，两位同学分别读了自己认为的精彩部分，对于何天扬“文化不一定是残垣断瓦，不一定是生锈的铁片和笨重的铜钟，文化应该是创造与努力”这一句思想与语言结合的典范话语，我特别给予了肯定。

开头与结尾思想性与语言性结合得较好的是杨宇韬和王伟竹。前者以《火的联想》为题，在开头将网络游戏中经典的歌曲带给自己的心灵震撼与圆明园联系在了一起；后者在结尾处提到了自己在游圆明园后不愿留影，因为看到太多的人对这段惨痛的历史无动于衷。我分别肯定了两位同学难得的责任心与使命感，肯定他们的思考、表达是把自己的成长与民族和国家的命运联系在了一起，很难得。杨楷和张雯杰同学在进行严肃的思考时，不失语言的诗意美，也摘读了自己的文章。

在同学们展示自己的成功之处的过程中，我进行了适当的点评，中间结合有些同学对历史之耻的反思，也借一些同学的引用重提了美籍华人聂华苓女士在《我亲爱的父亲母亲》中的一段著名的话："人，不要记仇，但是，不要忘记。"当我借这位名人的话说到一个容易忘记历史的民族将是一个没有希望的民族时，我能感受到同学们心中涌起的共鸣。我说，这才是我们对圆明园进行凭吊的原因所在。

这节课剩余的大部分时间是同学们自由交流，我花了整整一个周六打印出来的三十多位同学的精彩文章也发到每位同学手中，我能感到这篇文章对同学们今后作文产生的冲击。

都市语文纪事30：实习生小梅的《台阶》“小组竞问”课

作为单元整体教学的一部分，我把《台阶》和《老王》这两课的教学任务交给了小梅老师。而教学的总设计上，我对小梅提出了两点要求：一是既要保持传统教学的长处，又要力求在每一节新课的教学中有所突破与创新；二是既要保持单元学法“问”的总线条，又要力求在每一节新课的教学设计中突出这一学法实现的新亮点。对《台阶》一课的教学，我建议她可以以“小组竞问”的方式展开，至于《老王》一课的教学，则可以尝试以“批判性提问”为突破口。

由于《台阶》一课是小梅老师的第一节讲读课教学，为了不影响他大胆发挥，我告诉他我不去听课，让她按自己的方式大胆去做，不要怕失败，失败了再来。以下是小梅老师的课后纪事：

上课之后，首先由李玏介绍自己读的传记。她介绍的人物是安徒生，应该说介绍得还是很详细的，但是可以看得出来她可能没有完整地读一本安徒生的传记，很多资料都是照着稿子念的。我对李玏的介绍表示肯定之后，也指出了其存在的问题，要求接下来做介绍的同学要真正读一个人的传记，然后用自己的语言来介绍。

开始上课之后，我发现还是有一部分同学没有预习课文，于是又让大家花了两三分钟的时间把课文快速地默读一遍。

这篇课文的学习还是以学生提问为主要的学习方式。本来这次的提问是预备做成小组竞赛式提问的，分配好各组的任务，我还让各组讨论一下，商量出好的问题。但是，开始以小组为单位提问后，各个组不够活跃，几乎没有人主动站起来提出问题，经常需要我点名由某同学提问，但是有时在别的组提问后前面的组忽然又有了新的问题要提。回答的小组也出现了这样的问题，刚开始经常要指定同学回答问题，但是有时本来是安排由一个组回答，但这个组的同学不主动回答或回答得不好，又有别的组的同学举手要求回答。

在这样的情况下，我决定放开小组竞赛的形式要求，让同学们都主动提问、主动回答。这以后，课堂的气氛比先前好了很多，一些重要的问题也都逐渐提出来了，同学们回答得也都很好。之所以出现这样的情况，我觉得一部分原因是这次的小组竞赛形式没有安排好，但是可能很大程度上还是因为有一些同学没有做好预习。

可以看到，刚开始提问时，提出来的问题多数都显得比较单薄，比如有同学提了这样一个问题：第 69 页说父亲“洗了一次干净的脚，觉得这脚轻飘飘的没有着落，踏在最硬实的青石板上也像踩在棉花上似的”，这是为什么？随着课堂的逐渐进行，同学们提的问题才逐渐深入起来，比如张凯蕾就文章第一自然段说“父亲总觉得我们家的台阶低”，以及后面几次提到这个问题，并单独成段，提出作者为什么要这么写的问题；也有同学问父亲为什么要造这样一栋有高台阶的新房子，这样做值不值得；还有同学提出父亲在有高台阶的新房子造好之后为什么反而不适应了的问题。我觉得这跟同学们的预习有着很大关系：没有做好预习，刚开始对文章并没有很好地去理解，故而提不出好的问题，但是，随着其他同学的提问和在这个过程中自己的阅读，多数同学逐渐读懂了这篇文章，提问才逐渐活跃起来，也越来越触及文章的核心问题。

在同学们提问之后，同学们简单评价了一下所提问题的好坏以及对问题回答的好坏。由于小组竞赛的形式没能做好，各小组表现的好坏没能体现出来。

之后我点了一下文章的“文眼”、中心句段，并结合文章各个精彩部分的分析和同学们先前的问答，探讨了“父亲”这个人物的形象。最后让同学们揣摩作者在这篇文章中对父亲的情感，并归纳为尊重、悲悯。

都市语文纪事 31：读书月作文赛中四位同学的得失

一年一度的深圳读书月作文竞赛在即，学校举行了校内预选赛初赛。由于网络班暂时还没有发现适合竞赛的同学，所以我把网络班的两个名额也给了综合班。根据随笔表现出来的综合素质，我推选何天扬、郭逸馨、石奉奇和吴迪思四位同学参加预选赛。

所有的语文老师都参加了评分，结果出来，何天扬得分超过了九年级，在全校七十位选手中位居第一，郭逸馨排名二十一，吴迪思排名三十三，石奉奇排名六十五。由于本校只有八个参加南山区预选赛复赛的名额，所以只有何天扬一人获得机会。

其实赛前对于这四位同学，我都满怀希望，因为四位同学在作文中所表现出来的综合素质确实都不错，更准确地说是各有千秋。但是比赛带有许多不确定因素，所以对于结果，我也更多地希望几位同学能通过参加比赛，得到一次综合素质上的磨炼。

对四位同学试卷的赛后分析中，我也得出了一些个性与共性的问题，这一点对同学们今后作文的指导应该说是有一定帮助的。何天扬同学这一次没有出现我所担心的“语言稍显晦涩，行文过于阳春白雪”的毛病，总体看来很好地做到了扬长避短，文章一气呵成，文、思、情、意俱在，显示了自己的才华。郭逸馨同学仍然显露了重文采轻内容的不足，所以显得华而不实，这也是这位同学以往的作文风格。吴迪思同学看来对竞赛作文准备不够充分，平时作文的构思幼稚问题也是她这一次失利的主要原因。相比前三位同学，石奉奇同学即使写不出创新独特的文章，但是如果正常发挥，凭沉稳和功底出线应该是没问题的，偏偏是他参赛的这篇文章一反平时沉稳的特点，语言随意，立意随意，行文空洞，更让人想不到的是结尾处竟然出现了少有的消极倾向明显的败笔。

个性之中也有一些共性，四位同学的作文都暴露了准备不充分和平时阅读量欠少的问题。而这一问题，只要同本次比赛的第二名——一位叫池逸飞的刚进初中的同学一比较就能看出。而这个问题其实也是综合班同学表现出来的共性。所以周五放学时，我特意把池逸飞同学的文章和何天扬同学的文章一起印发给了同学们，但愿这次比赛能引起全班同学的警觉。

都市语文纪事32：《慢慢走，欣赏啊！》：读书月作文赛

虽然被学校省级评估的事折磨得身心疲惫，但是周六是深圳读书月现场作文赛决赛的日子，何天扬同学是第一次进决赛，所以我打算放下要做的事，陪她一起去。

周六早上，我们师生两人最早到了南山教育信息大厦，没有其他人来，我陪她参观了一下大厅里的南山教师画展，那里面有我们学校教师的画作，每幅画都展示着作者的独特风格。一边看，我顺便为何天扬简单介绍了一些我们学校的老师和美术方面的知识，我自己其实懂得也不多，只不过我们学校的几位美术老师都同我较熟，我前些日子特意来看来他们的画作，回去跟他们碰面时，也专门听他们说了一些我不懂的，这会儿也算是现炒现卖了。

过了一会儿，有一位年轻女老师陪一位女同学来了，一介绍才知道是这次预选赛的第一名，南山实验学校的李天慧，何天扬是第二名，两人一听说对方的名字，由于网上都有她们的文章，因此显得惺惺相惜，不一会儿就熟了。李天慧到底是初三的学生，显得成熟不少，何天扬同学相比之下，更有一种天真洋溢在身上。她们还认识了南山外国语学校的另外两名同学，其中一位是邱晓玲，她那篇文章在评卷时也被认为写得不错，就是角度稍显大了些。

今天比赛初中的作文题有三个：《故乡，故乡》《奶奶的生日》和《慢慢走，欣赏啊！》。三个题目似乎都不像竞赛题目，第一个有些老套，第二个有些俗，第三个有些玄。我想大多数同学可能只会选第三个，因为也许他们认为只有第三个可以写出一些竞赛的水平来。何天扬也极有可能选第三个，但是第三个无论对她还是对其他同学，其实都是一个陷阱，理由很简单：因为第三个题

目有它独特的命题背景。

这个题目的背景我恰好熟悉，是出自一位叫陆幼青的人之口，他是一位上海知识分子，他得知自己患了绝症，不久将离开人世时，用心将自己生命的最后一段行程记录了下来，一直到生命的最后一刻。在他的生命终止的两个多月前写的一篇文章《咖啡色的人生》中，这位热爱生命，面对死亡表现得异常镇静的平凡的中年男人，他终于说出了一句启发许多人心灵的话：慢慢走，欣赏啊！我从他的文字中知道，这句话也其实不是他最先说的，是他引用的一句阿尔卑斯山的广告语。有一处山中急拐弯道路，汽车到此急忙中坠崖的实在不少，当局想了许多办法都不行，最后有人想了点子，在附近画了一个大广告牌子，上书：慢慢走，欣赏啊！从此这里不但成了安全的地方，风景也一下子出了名。陆幼青在他特殊生命历程的最后行走中引用这样一句话，个中心境虽然可能是任何局外人不能完全领会的，但是我想听到的人都会有一样的感受：生命珍贵，珍惜生命。

电视节目主持人崔永元知道这件事后，曾经为他办过一期电视节目《实话实说》，不久后，陆幼青离开人世，留下了一本《生命的留言》（也叫《死亡日记》），这本书的尾页附上了崔永元为他写的跋《慢慢走，欣赏啊!》，这篇文章以诙谐的口吻表达了他对这位生命珍爱者的尊敬。而这本书中的一段话，我至今依旧记忆犹新：

不管留给这世上的
是什么样的文字，它都是
我的，真的
因没有修改的机会而遗憾的文字

全部的文字
会在一个适当的时候发表
比如，对我来说
太阳不再升起的某个早晨

这段话，这本生命写成的日记和“慢慢走，欣赏啊!”这句话，真的在我读到的时候给过我强烈的生命震荡，那段时间我常想起这样几个问题：假如有一天我也有这样的境遇，我会如何面对？当我真正走到这种境遇的时候，我给自己和家人留下了什么？每当想到这些，我的内心就会涌起一股强烈的绞痛感，正是这种绞痛感也让我开始更加珍惜眼前的事业、生命和亲情，让我不敢有太多的懈怠。我有时想，“慢慢走，欣赏啊!”是一个濒临生命终结的人对生命的感悟，一个健康的人悟出的却并不是从容，而是紧迫，不知道生活的意义是不是永远都这样矛盾。这本书是上上届我教的一个普通班的学生送给我的，叫赵思蔓。

大赛发给带队老师的纸上还说这次赛事中的优秀作文，将入选以《慢慢走，欣赏啊!》为书名的作文集。不管怎样，这道题对中学生而言，我认为可能是有些玄奥了，不知有多少同学能真正读懂“慢慢走，欣赏啊!”这几个字中包藏的深刻的人生内涵。竞赛结束后，何天扬她们几个几乎都选的是这道题，都说只有这道题才可能写出点素养来。而当我给她们简单提示说这道题有一个特别的来源背景时，她们的脸上都瞬间流过一丝沮丧之情。

我对同来的语文同行说，我喜欢这句话，但是绝对不喜欢这道题，因为它把难以理解的生命话题过早地强加给了我们的学生，作为生命遗言来说，这句话充满了人生哲学，作为作文命题而言，它暴露了成人世界的世故和圆滑。而对于何天扬和她的同学们来说，我希望天真无邪的笑容永远挂在她们的脸上。

至少在我的语文课堂上，我会去将此作为意图之一。

都市语文纪事33：“秋风秋日话秋雨”语文素养话题课

虽然从单元教学的地位来讲，以江南具有久远历史背景的“信客”为题材的《信客》只是一篇自读文章，但是由于整个八年级上册的教材人文含金量较弱，所以我和组里的老师们一样，从一开始就比较在意这篇文章，一来是这篇文章自身的题材背景；二来是这篇散文是新时期的文化散文；三来是这篇散文的作者身份是学者和作家集一身的余秋雨先生。所以我想通过这篇文章把同学们的视野往这方面引近一点。

上周一的语文课上，我向同学们宣布，上完这一单元和《信客》后，上一节同学们自己策划和主持的素养话题课，课名叫“秋风秋日话秋雨”。至于具体策划的主持人，我说，因为何天扬同学刚刚拿了学校作文赛特等奖，又拿了南山区作文赛一等奖，就作为一次奖励，让她来负责这件事。至于同学们的准备，我说每个人在这周利用一些时间，到书城去走走，最好能读一本与余秋雨先生相关的著作，我还特别提醒同学们不要做无准备的话题课参与者。我课后对何天扬说，希望她能找一个心仪的帮手，她说想找巫璨，我同意了。

这个周一其实很不平凡，因为省级学校专访小组要在这一天上午来专访，尤其是要听部分老师的课。这事关学校接下来能不能接受省级评估，而且我早就接到了省级学校专访小组可能会听我的课的通知。综合班的素养课我打算还是照上不误，我还要准备网络班的第二节校园网络文学网课，那已经是必听的课了，所以请实习生小梅提前去教室里看看同学们的准备情况。打铃前我走进教室的时候，桌子已经摆成长方形“回”字了，杨楷也写好课题，我帮杨楷描了字边。

这节话题课上得很成功，何天扬和巫璨的主持井井有条，同学们围绕主持人的话题，引题也谈得很好。看得出，这次话题课较以往的进步是，许多同学都去了解了余秋雨先生并读了他的有关作品，大家都谈得很有“内容”，真的是让每个人都有启发。一节课中，何天扬和巫璨两位同学分别引领大家谈了“余秋雨现象”“余秋雨其人和他的经历”“余秋雨先生的成就”“余秋雨的文化散文”“余秋雨的争鸣”“余秋雨现象的思考”和“余秋雨散文的读者群”等话题。尤其是在“余秋雨的争鸣”这个话题中，同学们还对“人重要还是文重要”进行了很激烈的争论，争论中又显露着诚实和成熟，这一点，让人倍感欣慰。

周一上午上完省级评估课后，我回到办公室和小梅津津乐道地说起这节课，夸奖起同学们的进步时，我们最主要的成功感受，还是同学们准备得充分。我们和办公室的同事们分享这节课的收获时，备课组组长田颖老师说，真想去听一听我们的素养话题课，她也想上。

不知道这种语文素养话题课能不能有这样的一天：许多城市或农村的语文课堂上，语文老师们都能结合教材，结合课堂，结合成长，结合地域，为同学们开设语文素养话题课。

都市语文纪事 34：“莲文化的魅力”网络班观摩活动

周一综合班本来只有一节语文课，但是由于这一天网络班有一节“莲文化的魅力”单元综合实践课，而我早就想让同学们实际观摩一下网络班的这种课型是怎样一种情况，所以临时和史社老师调换了一节。所以综合班同学全班一起扎实地做了一节课的课堂观摩者。让全班同学集体扮演课堂活动观摩者，这恐怕也是不多见的。

这件事的起因由来已久。因为通过这几年的教学经历，我有这样的一种明显感受，那就是班级也有个性，不同的班级往往会有一种差异很大的集体性格。而这种性格对于班级的课堂行为往往起很重要的作用。拿我现在教的综合班和网络班这两个班来说，一个学习好，但是却较压抑和相对保守；一个学习不是很好，但是却较放松和相对开放。你如果让网络班来上要求深度和效果的话题课，可能一节课会变成一场闲聊，但是如果让综合班的同学上要求气氛活泼，参与自主的综合实践课时，同学们总是放不开。

原因是多方面的，但是主要原因，一是综合班学习竞争大，同学们受外界因素干扰，心底下只把学习当成正事；二是网络班同学自尊心和自我中心意识不似综合班同学那样强烈，所以做事爱表现，且表现起来并不过份要求完美无缺。但本质上，同学们渴望放松和快乐学习与参与的欲望都是差不多的，只不过班级的环境影响了个人。所以，我让综合班同学观摩网络班语文综合实践课的目的主要有三个：感受参与、感受自主和感受放松。

综合班同学带着自己的椅子坐满了网络班的教室，有的甚至挨到了讲台，层次、性格和实验目的完全不同的两个集体的同学，几乎完全融成了一体。但是这节课的主角却是网络班，而一向成绩高高在上的综合班同学，第一次成了综合情况曾经排名倒数第一的网络班的配角。我从同学们脸上的兴奋能感受到，他们也想一探究竟。

网络班的同学们既充满了自豪感又充满了热情，上课前好几个同学悄悄问我：“老师，我们班会不会丢脸？”我笑着说：“你们正常把活动做完就是给自己脸上争大光了，放心吧，没事的。”果然一切很顺利。一开始，郑浩还为综合班同学展示了同学们自己制作的班级活动视频，画面的展示中我能看出综合班同学们脸上的羡慕。

这次莲文化的活动完全是由乔静他们组织同学们自己准备的，他们在教材提供的内容基础上又增添了许多新内容，至于形式，则全是同学们自己的创意。一组是介绍莲的相关知识，何昊他们制作了精美的幻灯片，配了优美的音乐，图文并茂，感染力很强；二组由黎恒他们引导同学们做与莲相关的知识抢答竞赛，也配了幻灯片，黎恒还别出心裁地号召六班同学一起参与，相当大方和镇定；三组的同学们更是精彩，他们自己写了剧本，展示了莲与文人的关系，生动而新鲜；四组由郑浩他们几个配合电子图片介绍莲与佛教的关系，虽然郑浩的话显得唐突，但是还是带给了同学们很大的信息量。

虽然教室里很热，再加上两个班在一起，同学们都显得过于兴奋，而网络班的部分同学也仍是时不时管不住自己，但是活动还是顺利完成了，一节课充满了生动、活力、知识和快乐。活动结束前，科代表乔静和班长宋睿达还重放了班级视频，同学们一起为综合班同学齐唱了网络班班歌。

下课后，乔静等一些网络班的同学挤上来说：“老师，我们是不是丢脸了？”我说：“哪里，感觉还不错。”回去的路上，我问周琪几位同学怎么样，她们说，她们感到在活动中真得很放松，而且同学们之间相互协作，很配合。我想，也许这正是我希望听到的。

都市语文纪事35：新语文教育与“语文考试”相融合

当新语文实验不断往前推进的时候，有一样东西总是会在某个时间里悄悄出现，提醒你注意处理语文教育的“理想”与“现实”两者的关系，这样东西就是“语文考试”。

比方说这一周的期中考试，连网络班的好几位同学都提前一两周问什么时候考，综合班就更不用说了。跟网络班有一点不一样的是，综合班里的同学大都不在口上着急，而把一股劲悄悄憋在心里，所以你明显感觉得到，这时候的综合班同学心里，大都只想着一件事：期中排名。

在目前这种教育气氛下，“考试”两个字越来越像是“尴尬”这个词语的代名称。在南山，这里是全国课改的实验田、样板田，中国目前任何最先进的教育观念都可以在这里生根、开花，但是也无法逃避升学考试的现实，所以南山“考试”两个字的份量一点也不轻。在北师大附校，学校从一开始就一直提倡个性化素质教育，鼓励老师们追求教学个性和教育创新，但另一方面学校必须得考虑社会的反应，而深圳社会的反应也许更为现实，谁的教学质量高，就承认你学校办得好，否则你就是吹牛和花架子，所以学校也得用心去面对“考试”，为了适应竞争和提高质量，现在的情况是，不光有期中期末考，从初一起，都有正儿八经的月考。还有一种“尴尬”，就是综合班的位置。这个班是入学时按分数选拔出来的，同学、家长、学校都对学生寄予了殷切的期望，但是大家的期望最终会合拢在一个点上——“成绩”，所以教这样的班，你会感到更大的尴尬，你往“理想”的路上迈出的步子越多，你往“现实”的路上顾盼的回头率就越大。

但话说回来，“考试”这两个字的沉重其实也被注入了许多人为因素。比方说虽然“考试”仍然是升学的唯一手段，但事实上随着课改的深入，“考试”两个字从内容到形式其实都在发生着深刻的变化。遗憾的是绝大多数家长、老师和许多学生脑子里的“考试”观念仍然陈旧，他们认为“考试”还只是“书本”“做题”和“时间”的另一种说法，所以这也是学生对“考试”心怀畏惧的原因。随着两届课改中考命题改革，深圳中考语文命题迈出了相当可喜的步子，对语文教育改革和创新，对学生语文学习方式的转变提供了相当好的引导，但是好多人也许并不明白这一点，家长不明白可以谅解，学生不明白责任在老师，而老师不明白或者说明白了又不作为的话，那就是对职业的不敬。

因此，我特别挤出宝贵的三节语文课，分别从文言文、现代文和考试作文三个方面对学生进行了复习与考试方法指导。因为这次考试我们明确套用深圳课改后的中考语文考试模式，在周二的语文课上，我又特地以深圳中考语文的试卷结构为例，为同学们分析了我们现在的新语文教育方式与深圳课改中考考试的关联。我把目前的深圳课改中考试卷分了五个区，用了五个比方：基础知识——语文的前庭；文言文考查——语文的书房；阅读理解——语文的中堂；写作表达——语文的花园；综合素养——语文的原野。

关于“基础知识——语文的前庭”，我说这是进入正屋前必须要脚踏实地走过的地方，是语文的积累，必须走好，没有捷径，这就是我们现在课本学习，必须以课本为基础，学好学实；关于“文言文考查——语文的书房”，我说这是走向正屋谈经论道、口若悬河的基础，文言文学习看似远离时代、远离生活和相对枯燥，但其实民族语文的精华几乎都在这里，真正的现实语言运用得生动有内涵，是从这里起步的；关于“阅读理解——语文的中堂”，我说这里是一个人语文能力与素养真正体现的地方，在这里你语文学习上的天资、勤劳和不足，都难以掩盖，这也是我们许多同学不敢面对的原因；关于“写作表达——语文的花园”，我说这里是放飞个性的天堂，是语文学习最灿烂的地方，我们在这里寻找自己；关于“综合素养——语文的原野”，我说这是我们最自由、最自主和最渴望的地方，没有它，语文院内的一切都将没有生机，我们在原野中漫步越远越久，我们的收获就会越丰富。

前庭也好，书房也好，中堂也好，花园也好，原野也罢，我说这些加起来才是一个语文的世界。所以我们强调课本、苦学文言、勤奋练笔、广泛涉猎、开设话题、综合实践、关注生活、阅读训练，这一切的新语文教育做过和正在做的，从广义上讲就是为了提高素养，从狭义上看，并不与语文考试相冲突，甚至可以说与现在新语文考试紧密相关，环环相扣，事实上正是我们以语文为圆心，语文学习中的圆画得越大，语文对我们的向心力就越大。

这些比方我想了很久，说出来自己也觉得坦然多了，因为我觉得越是这样分析，我感到新语文的路走得越正，也走得越对。我想起一句话：走得越远，离真理和起点越近。

都市语文纪事 36：从考卷中寻找新语文教育的新契机

经过紧张工作，期中语文考试试卷批阅结束，综合班成绩虽然仍然遥遥领先，但是班内同学之间的成绩状况却发生了很大的变化。我想这是一次引导同学们改变语文学习方式的新契机。

综合班作文分数上 90 分的同学超过了全班的一半，满分作文也占到全校的五分之一，显然这与前段时间的随笔训练和个性化写作的多次强调有密切关系；文言文部分在全校普遍落实不好的情况下，综合班百分之七十的同学拿到了满分或失分不到百分之三，这也明显与语文课上的强调重基础有关；课外阅读考查因为前几周刚开设过传记五分钟介绍和举办过余秋雨话题课，所以这道素养题的得分情况也令人满意。所以，分数过 90 分的同学不少，科代表杨明妍考到了全校最高分 98 分，第二科代表武月也考了 97 分。最让人高兴的是新转来的夏昕和许细香成绩也不错，夏昕考了 87 分，作文考了 38 分，与她这一段时间的勤奋有直接关系，许细香考了 93 分，也与她近段时间学习主动和踏实有关。年龄最小的成紫晗由于学得扎实，比上次又进步了，考了 89 分。

而另一方面，有十位同学仍然考得很不理想，甚至出现了一位同学不及格的现象，分析这十位同学考试失利的原因，一部分是学习态度一直不够端正，平时学习中各方面都打折扣，有投机倾向；一部分是观念上老套，方法不对，还是死学习，连课外书都读得少。比如文言文部分，这十位同学的得分都相当低，表现出让人相当担忧的学习自主性和课堂效率问题；而素养题中，这十位同学暴露出极弱的语文素养和平时参与的消极性；在作文上，十位同学中有三位对命题束手无策，卷面上的字数还达不到四百字，角度、语言和内容更是糟糕。

真正有效的考试，应该是差异性的呈现，也就是说要能对不同的同学，换言之对不同学习觉悟和付出的同学给予不同的回报，这才是有效考试的价值。新语文教育仍然需要考试，并且需要更科学、更有效的考试。所以，我更欣慰的是能够借此肯定一部分同学，鼓励一部分同学，提醒一部分同学，纠正一部分同学。这样想，我甚至巴不得马上走进教室。

为了加强利用这一次考试机会，我还动员组内的同事做了一件十分有益的事：从三个方面进行一次卷面答题状况分析。我负责将一个考场文言文的两句翻译全部打印出来并分析；实习生小梅负责将一个考场的课外阅读题答案全部打印出来并分析；恒志老师负责将一个考场的作文全部打印出来并分析。我想把这三方面的调研印发到每一位同学手中，让同学们真正从基础落实、课外阅读和个性化写作三方面有所收获。至于阅读理解，因为是下一步着手的训练计划，所以这一次没有一起调研。

看来这一次课改中考模型的期中考试，是完全可以作为下一步进行新语文教育实验的契机和动力的。也说明“考试”二字并非一无是处，关键是看怎样考，考什么。

都市语文纪事 37：几张读书月校园英语短剧赛戏票

经过省级评估专访和期中考试，再加上全区新广播体操比赛，师生们都已经很累。恰好周六是深圳读书月学生英语短剧赛决赛的日子，十二个决赛节目中，我们学校占了三个。田颖老师是海风剧社的指导老师，我特意向她要了十几张免费戏票，由于不能让全班同学都去，所以就以参加城市文化追踪的同学为主，具体的事让奉奇同学来做。

本来我打算和同学们一起去的，因为临时要参加两天全国校园文学论坛，就只好做罢。

都市语文纪事38：“传记五分钟”口语体操终于展开手臂

周一语文课是一节普通的衔接课，因为第三单元的说明文教学进度较快，所以我让小梅为同学们讲解“自主性”，并结合上一单元的说明文的小结，一方面为说明文学习画一个全轮廓，另一方面方便下一个说明文单元的学习。对这一节课，我非常在意其中一个看似与当节课授课内容完全不相干的小环节——“传记五分钟”口语体操的表现。

我尤其关注这一环节的原因有两个：一是这个计划自从第一次实施时黄菁欣子有很好的表现外，另外几名陆续承担任务的同学却都表现得令人失望，不是临时抱佛脚，照纸宣科，就是台上欠缺自信，表现过于拘束，所以这一次特别希望能开一个好头；二是今天承担任务的同学不是别人，正是由我上周五亲自点将的张戈弋同学，我希望她有好的表现。

但是上完课后，小梅失望地向我反馈情况，让我心里颇为难受。小梅说，张戈弋同学今天的传记五分钟仍然做得不够理想，基本上犯的是前面同学犯的老毛病：网上匆忙下载，台上照纸宣科，表现极不自信，声音都听不见。我听后长时间不做声，应该说是不想做声。我知道，这件事反复强调重要性，和我对张戈弋同学的期待，是被当头淋了一瓢凉水。当时，我不光对张戈弋同学充满了失望，也对这个活动的前景感到失望：难道综合班的同学连这小小的五分钟的责任都肩负不起？

因为当天下午有来自泛珠江三角洲地区的二百名校长参观学校，下午三、四两节课，我忙于组织“网络文学沙龙”活动，直到放学前五分钟，我才到教室里将张戈弋和下一个即将承担“传记五分钟”任务的同学汪海天找出来。一问，果然张戈弋是没有准备。但是当我带着疑问询问汪海天同学的准备情况时，没有想到这个全班年龄最小的同学胸有成竹地对我说：“老师我准备好了，您放心，我绝对不会照着纸念的。”

更让我没有想到的是，他真的做到了。他介绍的是毛泽东传记，从介绍毛泽东的生平，到提及他一生中的几个重要转折点，再到客观评价伟人的一生，到最后谈及读《毛泽东传记》的感受，自己从伟人成功和成就的经历中获得的感受，他都说得从从容容。汪海天走下讲台时，全班同学，小梅老师，我，都给予了长久而热烈的掌声。

五分钟，不长，但是今天的五分钟对于汪海天同学来说，我想，将是值得他享受成就与自信的五分钟。而对于综合班的全体同学而言，也许意味着一个新的素养体操的开始。祝贺也感谢汪海天，就因为那短短的五分钟，我的脑子里已经装满了他的名字。

都市语文纪事 39：网络教学展示课上的 6 班同学

昨天下午和信息组的吴良辉老师在调试语音室广播系统时，吴良辉老师临时建议在某个环节适当采用一下语音小组讨论系统，昨天晚上我又临时更改了教学设计，改在互动核心环节的核心环节，即第二互动环节——比较交流部分加入适当的语音小组讨论。这一环节的加入虽然立即将文字讨论、视觉交流变成了声音、视觉、文字的全方位交流，但由于技术性要求较强，6 班的同学们这方面又欠缺经验，所以我在早读的时间进行的初步尝试，相当一部分语音工具出现了问题。

眼看着语音讨论系统技术问题较大，再加上原定教室内只能坐 50 个听众，其他人改为在一楼听校内直播的方式，昨天下午又改为教室内放一百一十五个座位，这样导致每个学生旁边都是听众，我考虑 6 班同学的心理仍会出现一些微小的波动，弄不好，会影响他们正常表达、思考和交流。于是临时和教务处商量，将授课的前一节课也借用过来，让 6 班同学先进语音室，进行适应性准备：一，继续尝试语音小组交流；二，让同学们对授课现场进行提前适应；三，提前打开巅峰网主页和阳光论坛。

第二节课还没有下课，成紫晗、张粤、张戈弋同学的家长就早早来到了教室，和一些同学不愿自己的家长来学校相反，郑伟杰几次担心自己的妈妈来了不知道位置，两次出去接妈妈却没接到，我看到他的脸上流露出失望的表情，他对我解释说："妈妈要是来不了，肯定是抽不开身。"我安慰他说没关系。听课的家长陆续来到教室，加上本校的老师，几乎挤满了教室里的每一个角落。

课堂活动基本按设计的思路展开。由于今天恰好是赵雪莹同学送的生日，加上昨天晚上同学们在网上早就进行了网上留言，我们的课就从为雪莹同学生日祝福开始，掌声祝贺后，夏昕为同学们诠释这次课的课题“不伸手，仍可拥抱”，因为这是借用她贵州行回来后的作文题目。接下来的环节都比较正常，由于担心时间不够，核心环节还是稍作了压缩，只作了形式上的展示。在评到张戈弋同学作文的变化时，还特意请张戈弋同学的爸爸作了现场互动，他对女儿作文的变化给予了中肯的评价，对贵州行回来后的网上交流也评价很高。参加此次作文评价的田颖老师，巅峰网站的合作者之一，也对同学们的交流给予了客观的评价。总体来讲，整个课堂活动算是顺利地完成了展示任务。

在这次公开的课堂活动中，郭逸馨等五位组长的表达都很大方，夏昕、郑伟杰、武月、张粤、赵怡、吴迪思、张戈弋、白雪菲等同学的主动表现都显得落落大方。课后英语老师邹老师说，张戈弋平时在英语课上声音都挺小的，谁知语文课上声音这么大。不过也有遗憾，由于这节课额外的任务较多，课上核心环节的压缩，导致挤去更多同学展示自己的机会，我想很多同学其实是很想展示一下自己的。

课后不少老师说，他们都很感动。陈芳老师说，她一听同学们说就流泪了。数学组的老师发来信息说，课上得很成功，他们组里的老师听了都很感动。英语老师邹老师说，她一直在感动。班主任周老师听完课后，一个中午都在读同学们贵州行的文字。张粤同学的妈妈一再说这个网站办得好，希望同学们多在上面交流。可能这种全新的方式对同校同学科的老师也有一些启发，同组的老师听完课后都在问这个网站和这种交流方式，希望借鉴一些。

授课结束后，广东教育学院教科所施铁如教授等两位专家特意向我和同学们表示了祝贺。

都市语文纪事40：周一课上全班同学分吃瑞士糖

周一第一节课是语文课。一上课，我送给姚希圣一份生日礼物，因为昨天是他的生日。

我特别表扬了姚希圣从贵州回来后各方面的表现，尤其是作文的进步，网络交流中评价的用心，还有上周三语文心理调试课上的大胆表现，我都给予了积极的肯定。同时也对方东和伍雅纹的生日进行了补贺，前一段时间忙于上课，把他们的生日给忘了。之后我告诉大家为了庆贺姚希圣同学的生日，和表扬同学们在前一阶段网上作文交流中和网络全国公开课上的表现，特意请每位同学们吃一颗糖。

一盒里面总共只有五十六颗糖，提前我特意让爱人数过，担心到时不够发。发糖的时候，看着还剩四颗，杨宇韬一脸馋相地说：“老师能不能把剩下的给我?”我瞪他一眼：“周老师、邹老师还有我呢?”同学们嘴里嚼着糖的时候，我对同学们语重心常地说，不论活动大小，对我们来说，都既是一种考验，又是一个进步的阶梯，希望同学们今后都能珍惜锻炼的机会，而不管大小。由于下午就是月考，第一门考语文，多余的时间我就让同学们自由复习，我看到每个同学一边嚼糖一边复习，都很专注。

都市语文纪事41：文言文翻译接龙中的“新三点”

上课的时候，一位女老师坐在了教室后面。她是此次来学校实习的东北师大四加二的研究生，她说很喜欢6班同学在语文课上的表现，还说6班的语文课跟她原来听过的语文课完全不一样，都是由同学们在表达和表现。她的话其实也不止一个老师说过了。

这节课的主要内容是学习《送东阳马生序》一文的后半部分，上课后我请赵雪莹同学将前面学过的内容完整翻译一遍后，请同学们小结了作者笔下的读书三难：家境贫寒，好书难得和良师难求。对即将学习的第二部分进行试读、范读和朗读训练后，接下来就对文章的第二部分进行翻译接龙的准备。一共只有七大句，刚好七个大组，我以第一组第一名，第二组第二名，第三组第三名……为序，请七位同学上台接龙翻译，其他同学着重评价，评价把握三个要点：一看谁的翻译更从容；二看谁的翻译更准确；三看谁的翻译更有艺术性。

一组是汪海天，二组是胆小的成紫晗，……翻译得还算顺利，不像前几次接龙时，话筒还没有拿到嘴边，话就说完了，或别人还没有听完，就坐下了。评价的第一个同学是许细香，她很客观地逐一评价了每个同学的表现，梁艺瀚被同学们公认为最出色的。事实上，这段时间梁艺瀚的表现确实不错，上次月考中基础部分和郭逸馨并列全校第一，总分97分也是全校第一，作文还拿了39分。

我跟同学们解释为什么要从三个方面进行评价。“从容”，是看你对一件极小的事做起来是不是很有责任感；“准确”是翻译文言文的起码标准，不能过于随意；至于“艺术”，是因为随着我们文言文学习的不断深入，我们在逐渐注入自己对作品的理解和把握，不能只是照葫芦画瓢，在准确的基础上也要翻译出自己的个性。其实这个问题在上一节课学《五柳先生传》一文时我就已经说过，对于文中“既醉而归，曾不吝情去留”一句，如果直译，就会重复，而其实要表达的意思是“（五柳先生）去了就喝，喝了就醉，醉了就走”，这样的翻译才能较好地体现作者所要表达的意思。

文章学完后，同学们自主发表想法，讨论焦点有两个：一是把这篇文章和前面的文章广泛比比；二是把作者读书环境和今天的我们适当比比。对第一个问题，同学们谈得较客观，有的同学说到朝代越是近，文章似乎越是难读和难懂了，思想和语言境界也大不如前；对第二个问题，同学们的认识有些牵强，不痛不痒，我提议同学们真心说的时候，才有些同学讲到真处。杨楷在这个问题上说得不错。

很是巧合，今天收到了新一期的《语文教学通讯》高中刊，打开，上面有一篇关于文言文的文章，题目是《于虚实之间寻找一种合理的契合》，是对现代语文教学中的文言文教学方式进行反思的文章。自己忍不住又细看了好几遍，不知道读者们的感觉如何。同期还有另一位我熟悉的老师的名字，叫熊芳芳，这是武汉华师附中的一位优秀的语文老师，文章写得好，课也教得好。1999 年我们还在湖北省优秀青年教师语文授课比赛上同台竞技过，她的课曾给我留下过深刻的印象。

我想，和我一样在教育教学的苦园里辛苦拼搏的人肯定还有很多，我们的酸甜感受也都类似。

都市语文纪事 42：南山南贸商业城的商业文化考察

又是周三了，许多同学一早就打听这次的城市文化追踪到底去哪个地方。情报部的郑伟杰、陈俊澎的考察方案可能是忙于月考的原因，这一次出来得稍有些晚，文化部的杨楷、张宫砥擎上次考察报告的电子稿的收集工作也因为月考完成得不大好，被我和田颖老师要求赶紧统计，看来城市文化考察活动的评价跟踪工作也得赶紧跟上。中午在食堂吃饭的时候，我找到分管的俞立柱老师和教务处的刘一民主任，请他们尽快出台评价方案。

倒是音像部的郑浩依然工作主动，提前一天就做好了两份考察问卷：一份是关于深圳商业文化的；另一份是关于深圳市民对于水资源认识的。我问他为什么要做水资源的问卷时，郑浩说，刚好活动这天是“世界水日”。他反催我赶紧把每份问卷每人印三份，我照做了。下午出发时，我忘了带摄影器材，他准备了两部数码相机，一部摄影机，还有一台手提电脑，我责备他带手提电脑有些多此一举，因为上次去红树林考察海滨生态文化时，他竟然带了两台手提电脑，还带了现场采访设备，说是便于现场编辑。

由于出发时田颖老师特别对这次考察活动作了详细的布置，所以整个活动同学们表现得很大方，有的同学虽然屡次受到冷遇，仍然坚持采访调查，最后返程时，每个人都交上了厚厚的问卷，采访本上也记得满满的。在南山天虹美食一条街的一个门店中，郑伟杰、石奉奇、付嘉文、张粤、张宫砥擎、彭晓玲几个同学转过来时，看到田老师、我还有一同来的东北师大四加二研究生实习生高老师一起在喝茶，还主动要求我请他们喝了饮料。店铺里的小伙子姑娘们也对我们很热情，问啥说啥，气氛很融洽。

石奉奇说："老师，我们路也走过了，能不能有一天我们班也去骑骑车？"我说，当然行，只要同学们做事有足够的热情和用心。集合的时候，太阳出来了，一片明媚。往停车处走时，远远看见郑浩正热情地拦住一男两女进行采访，又是对话，又是录像，忙得不亦乐乎。看见我们来了，老远就跟我眨眼睛。论这方面素养，还真是希望有郑浩其人。

都市语文纪事 43：随笔写作进行第一次“分层”

今天是周五，原定由张南泽等五个同学给同学们解读本单元的五首古诗，任务在上周就布置了。昨天上完语文课又明确了周五语文课，每人 8 分钟时间。科学组的一位实习老师很早就来到了教室后面，我走过去抱歉地说，今天的内容可能临时需要调整了。

调整的原因有两个：一是月考成绩已经揭晓，同学们急于知道自己的试卷和分数；二是上上周的随笔我已经加班改完，由于网络公开课的原因，上周没有评讲，可能大多数同学都急坏了。我今天调整后的上课内容一不是以总结月考为主，二不是跟以往一样肯定每个同学随笔中的进步，今天我想做一回“恶人”，好好总结一下同学们随笔中暴露出的亟待指出的问题。除此之外，还有一个“大恶人”我今天也得做：把同学们的随笔按程度进行分类。这件事我其实已经思考好久了，只是一直觉得时机不成熟，从这次的随笔情况和月考作文的总体情况看，现在应该是说的时候了。尽管今天是周五，但是“恶人”还是要做。

上课后，我先让同学们静静地听了这次随笔中的其中两篇，一篇是郑伟杰的《猫葬》，另一篇是张雯杰的《拿什么买人性?》但念的时候都没有说作者，只是请同学们听完后简单发表感想。《猫葬》是写放学回家时，目睹一只被轧死的野猫时的感慨，因为这只猫经常有意无意地在早晚放学时与自己打照面，所以面对这只猫的死，作者感想也很多，是一篇记叙文。《拿什么买人性?》则是一篇读后感，全文是对一篇新闻报导的感慨，新闻报道说的是最近台商中兴起了一种吃“女婴汤”热潮，花三千块钱就可以享受到这种大补的“女婴汤”，作者大为惊讶和愤慨，于是就事论事，抨击人性的丢失。

朗读时我少有地用了话筒。很显然两篇随笔都打动了同学们，读完后我请同学们发表想法。张凯蕾说两篇文章写得都很用心，有感情又有思考，很受启发；伍雅纹说，两篇文章写法虽然不一样，但内容都很实在，而且都展现了作者对生活、对人性思考的一面。还有两位同学发了言，大家都对这两篇随笔持非常肯定的态度。我小结说，这是这一次同学们写的随笔中的两篇，刚才同学们的评价，正是我念这两篇随笔的目的，总结起来就是两点：一是用心在写；二是写得有生活，有内容。这是近一段时间来同学们随笔的进步，不少同学的随笔都体现了这一点，但是并不是每个同学都是这样，也有相当一部分同学的随笔随得“没谱”。

接着我总结了同学们随笔中的“四多四少”。四多：无病呻吟的多——芝麻大的事也在唉声叹气，没有境界地叹气，小肚鸡肠地叹气；空发议论的多——发议论没有目标，没有对象，没有深度，读来一点感觉都没有；玩弄文字的多——只见文字，不见内容，只见华丽的词藻，不见真实的生活，虽然是用汉语写的文章，但就是看不懂；发泄情绪的多——文章是个人情绪的垃圾筒，一有情绪就写随笔，写来写去却只见乌云不见阳光，写着写着就作茧自缚了，不写积极向上的情感。在四多的基础上，我总结了四少：真心写生活的少，真心写成长的少，真心写读书的少，真心写思考的少。

然后我根据几个月来同学们的随笔状况和进步情况，将同学们的随笔分成三个层次：第一层次的同学占全班总数的一半，这些同学可以控制自己的形式、数量、内容，特别允许这些同学大胆创新，写出率性和个性；第二层次的同学占全班同学的五分之二，这些同学每周必需有一篇以记叙为主的随笔，每周一定要完成两篇随笔，而且每篇随笔都要强调实实在在的内容；第三层次的同学占全班同学的十分之一，这部分同学进步不明显，或需要强迫和引导，基础薄弱。我规定这些同学每周写三篇随笔，都以写记叙文为主，而且一定亲手交给我看。三个层次的同学每四周之后重新调整一次。进步就往上一个层次走，退步就往下。

下课后，姜雨田找到我，说最近随笔不知道写什么了。我建议他多读一些，多看一些，多借鉴班上同学们的随笔。姜雨田同学是一个很坦率的同学，他的想法大概很有代表性，但是往背后一看，就能找到问题：书读得少，对生活留心不够，不爱真动脑子思考，不爱借鉴别人的东西。而这些都是妨碍同学们随笔进步的一个重要原因。

作为营造一种以鼓励同学们写作兴趣为主的环境，前一阶段已经做到了，但是作为进步和提升的一种手段，不分层，或者说老是“大锅饭”，肯定也不行。看来这段时间同学们要学学古戏中鲤鱼变美女的故事，不经历一个痛苦的磨炼过程，是不能享受到变成美女后的快乐的。

明天是周末，下午上完 10 班的语文课后，我向学校请了假，打算回老家接母亲来深圳，原本是在清明节回去的，因为清明节是父亲去逝三周年忌日，也打算给他扫扫墓，但是我知道下个阶段语文课要做的事有很多，10 班的网课，6 班的反思、素养课等，都在下周，只好打消。父亲省吃俭用供我读书，也在关键的时候鼓励我来到深圳，但是却在我刚接到特调通知的几个月后溘然长逝，对此我一直心怀愧疚。

看来，只有等我的语文实验告一段落后，才能再到他寂寞的墓前求得他一丝谅解。不过我又怀疑，数年之后，我真到他的墓前时，真的能为他献上一份让他满意的慰藉么？